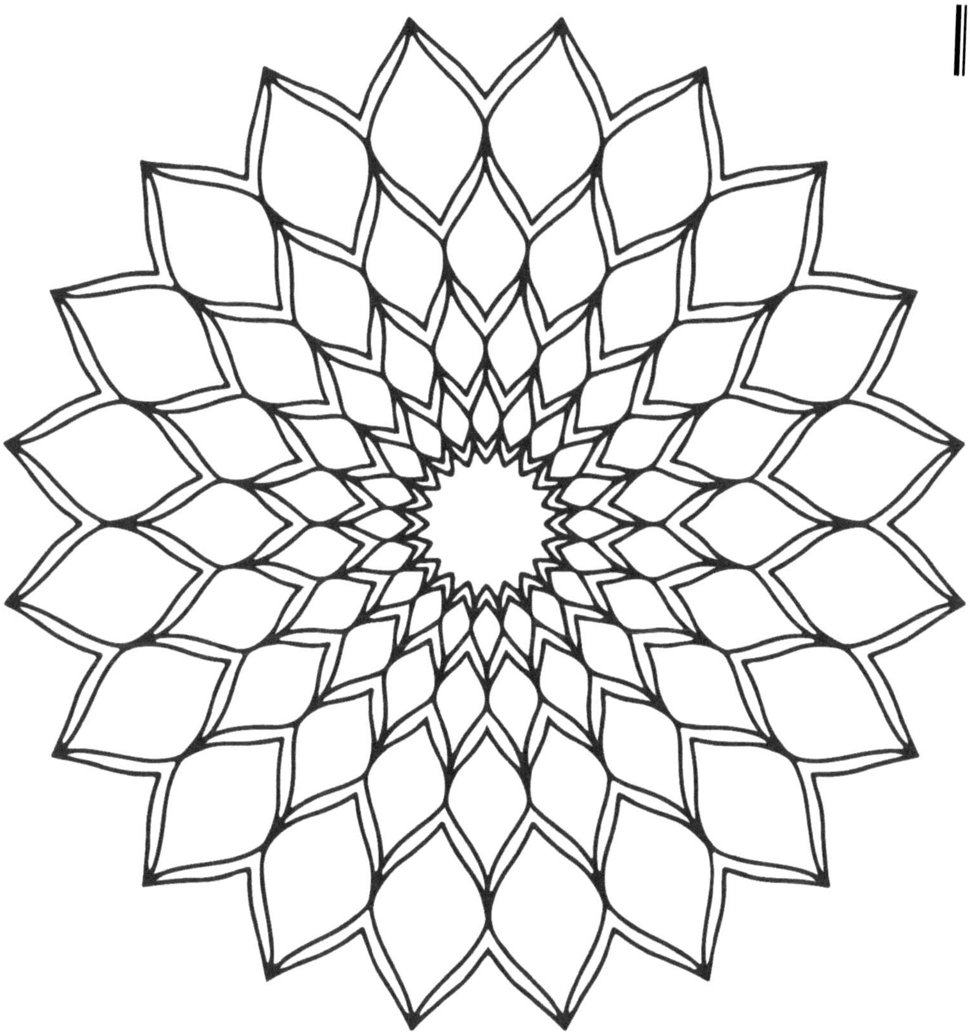

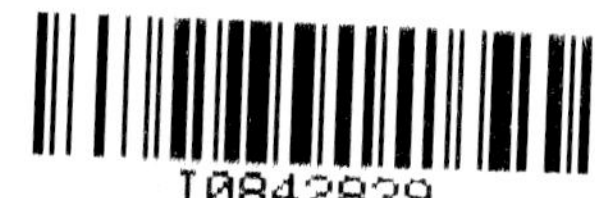

This Coloring Book belongs to:

____

____

____

____

Color Test Page

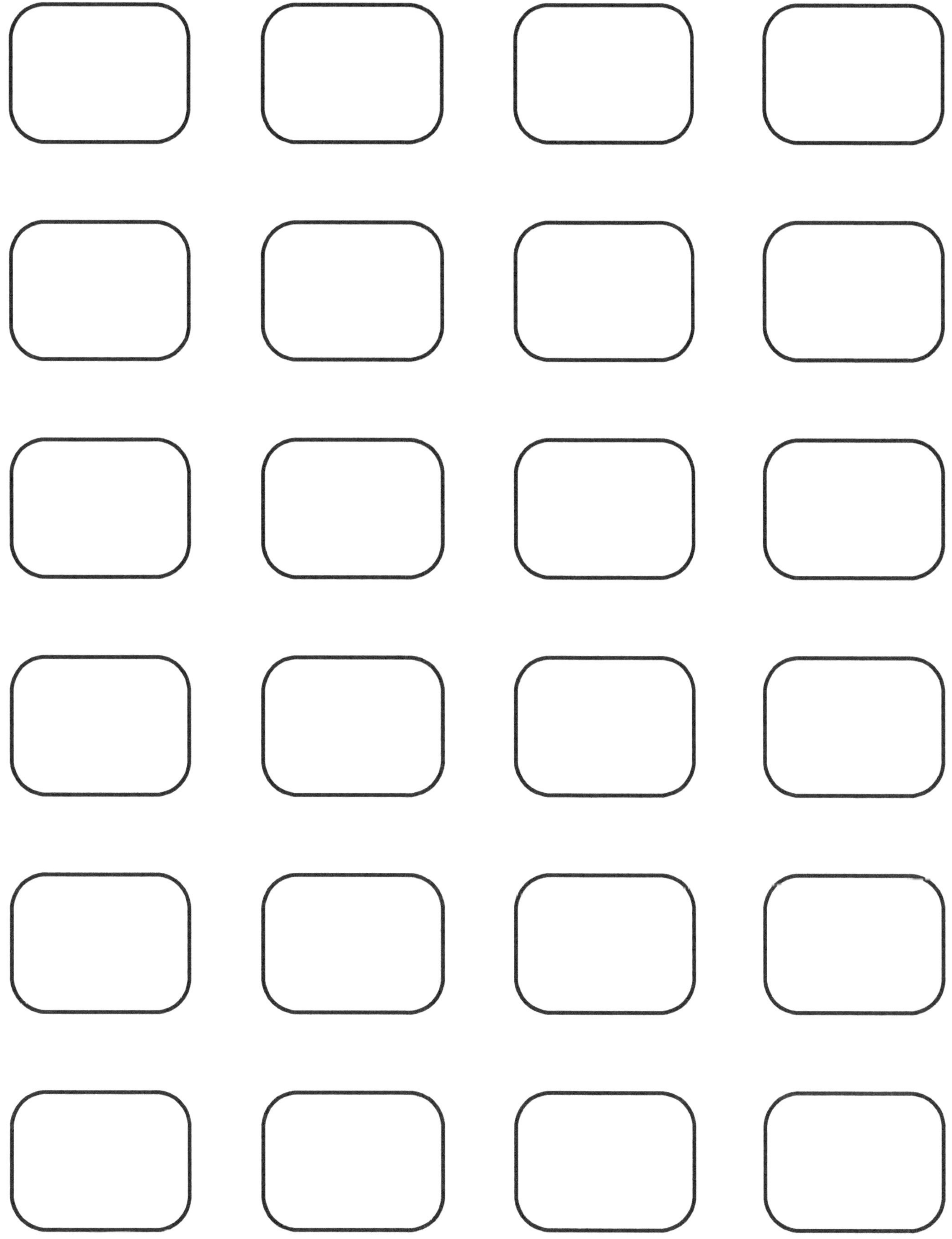

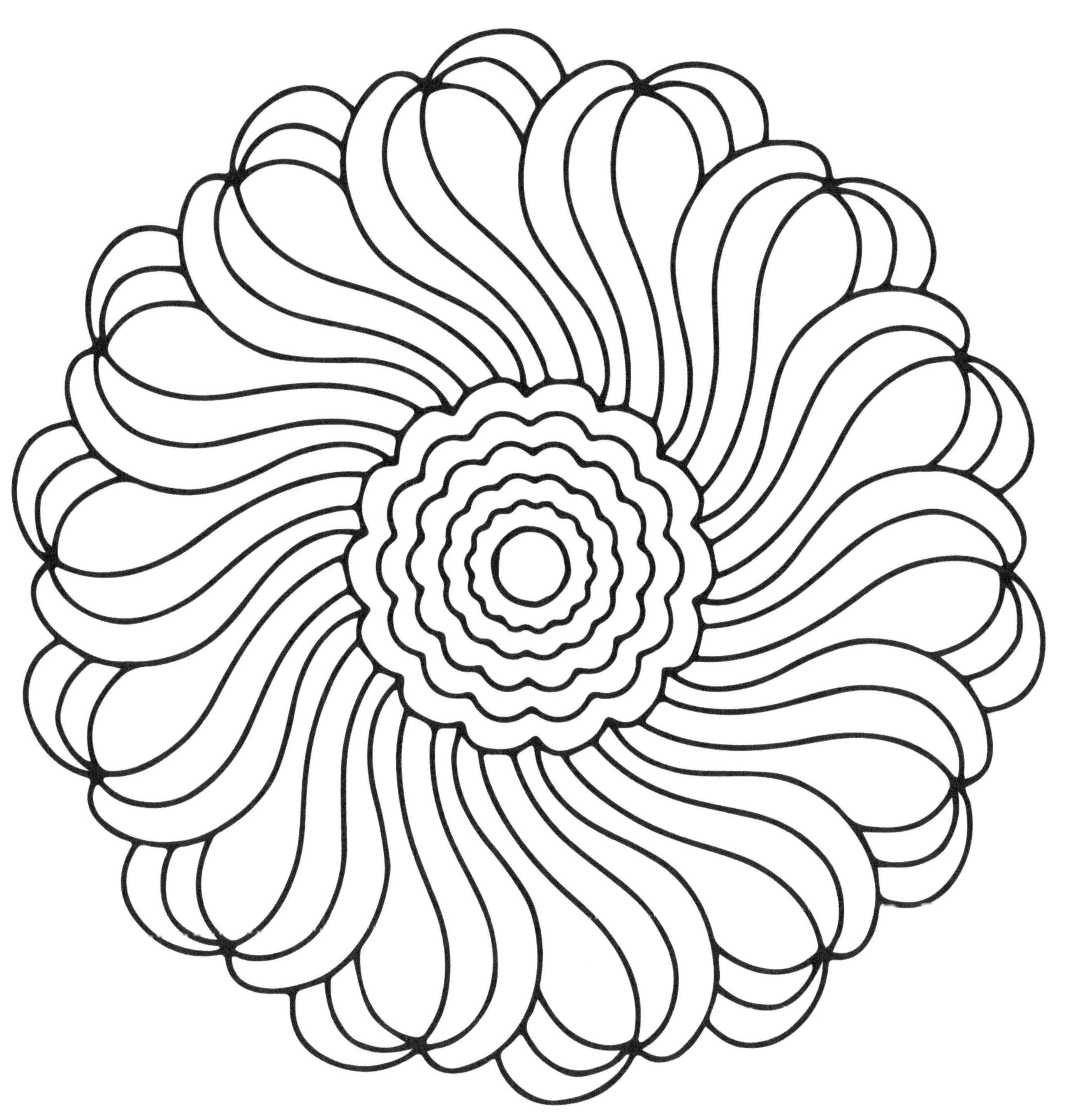

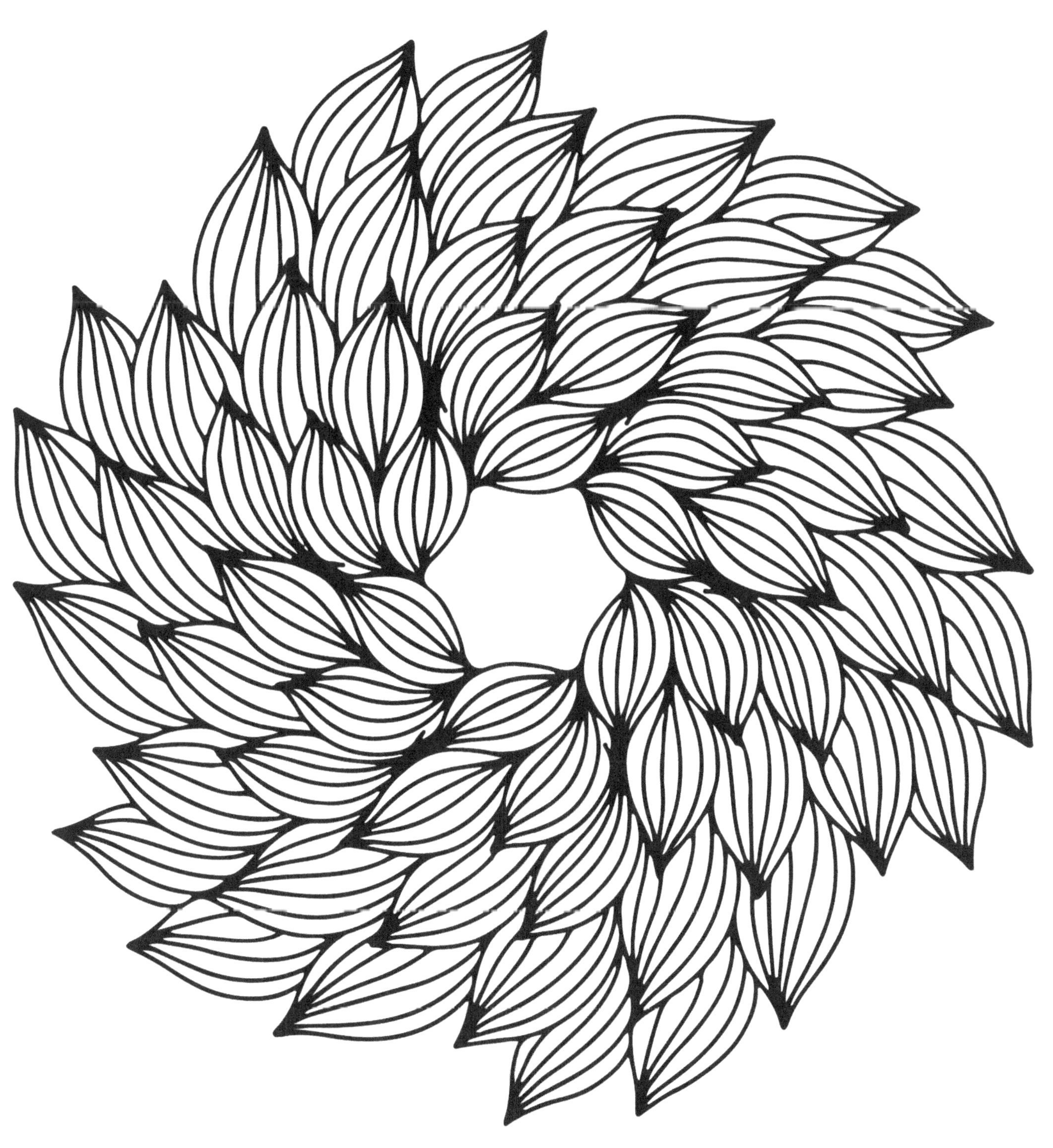

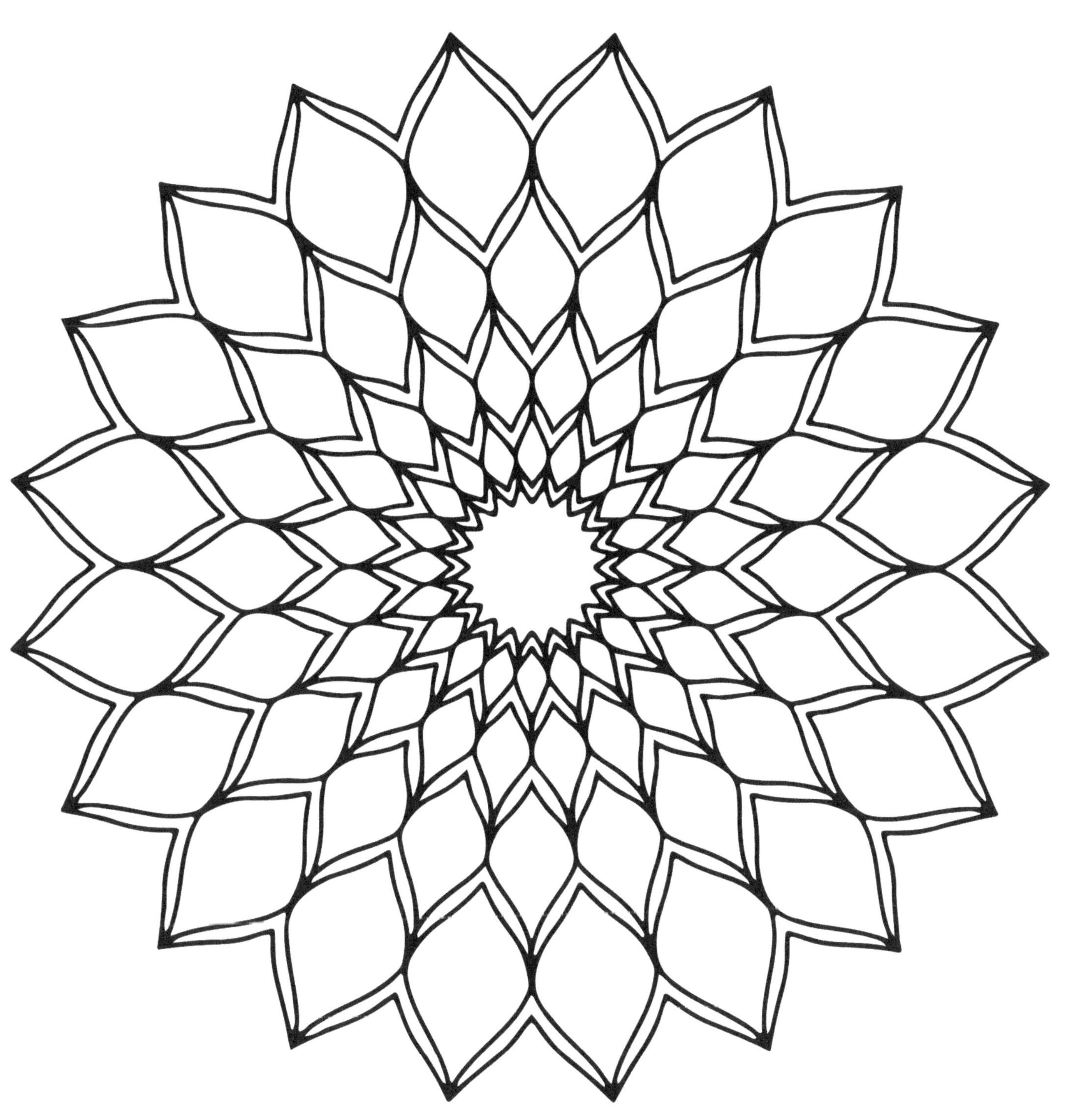

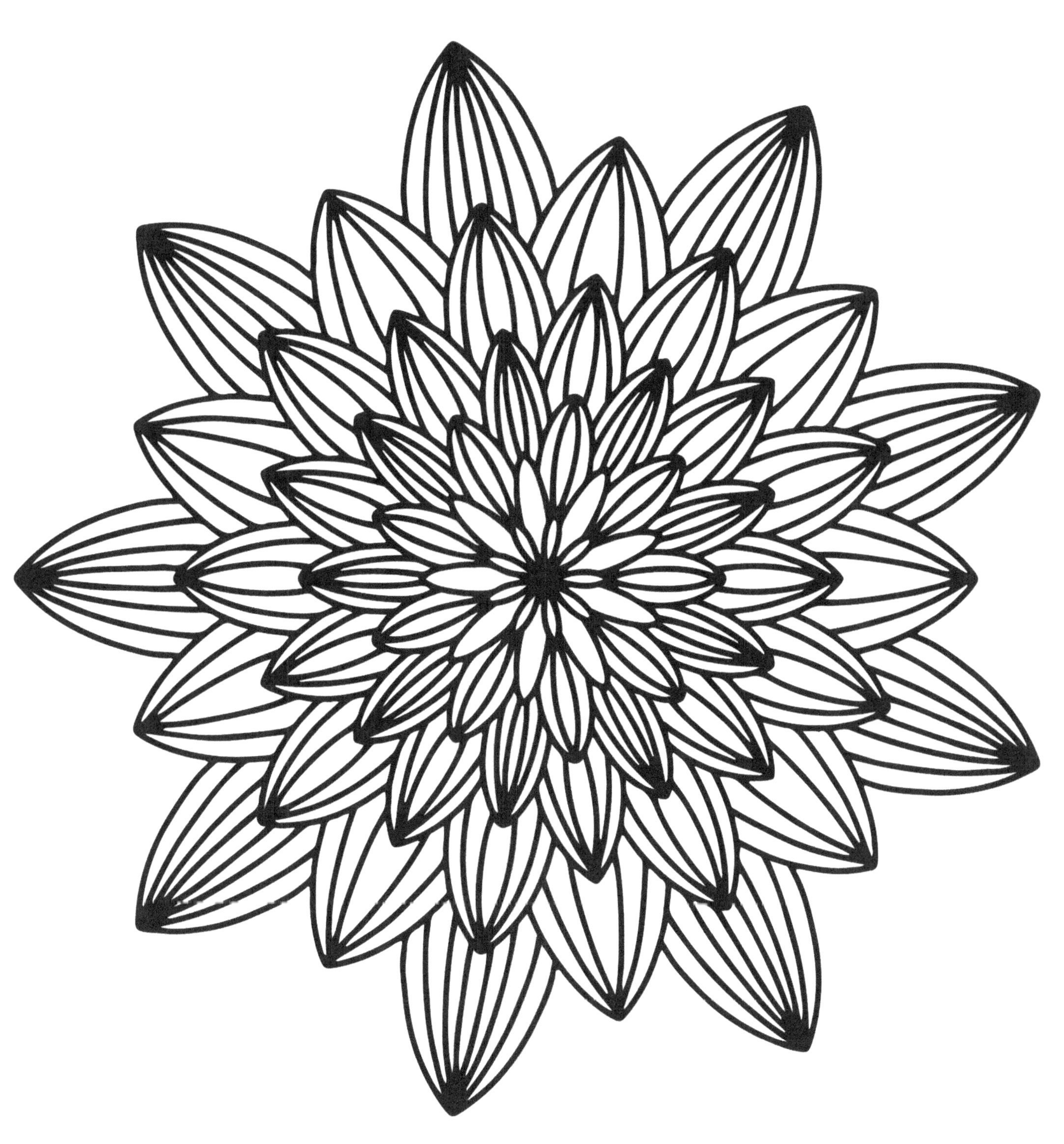

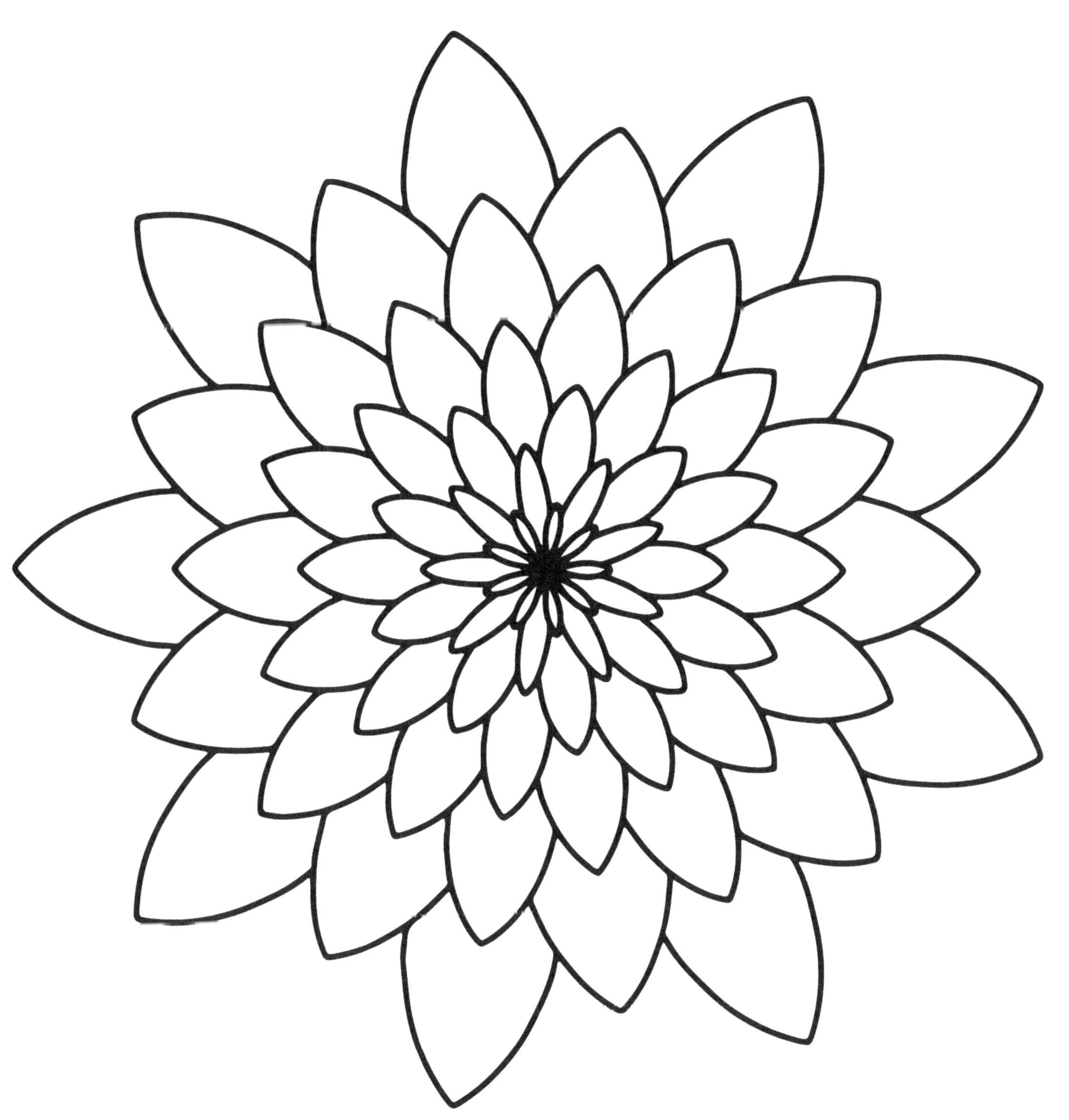

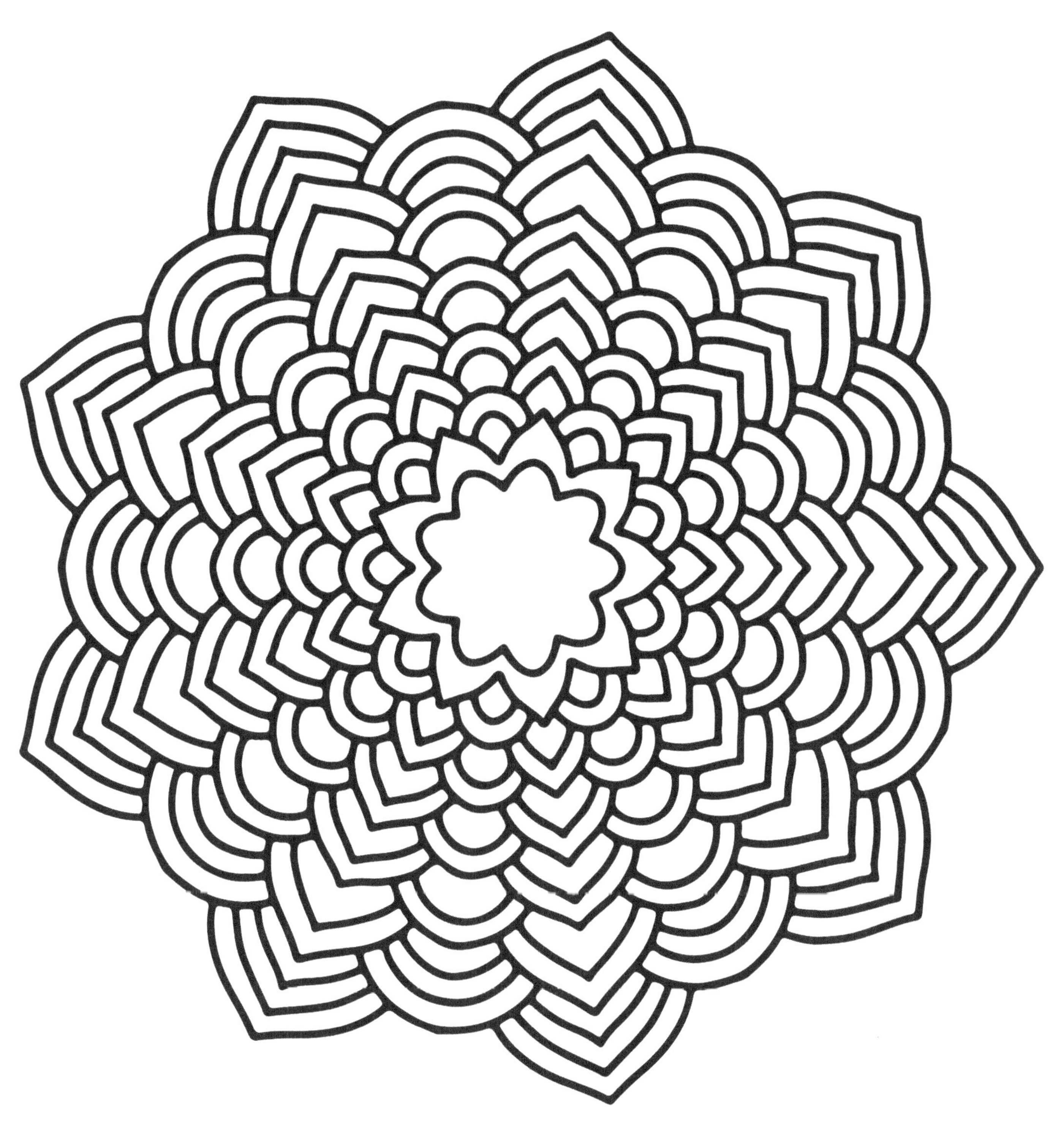

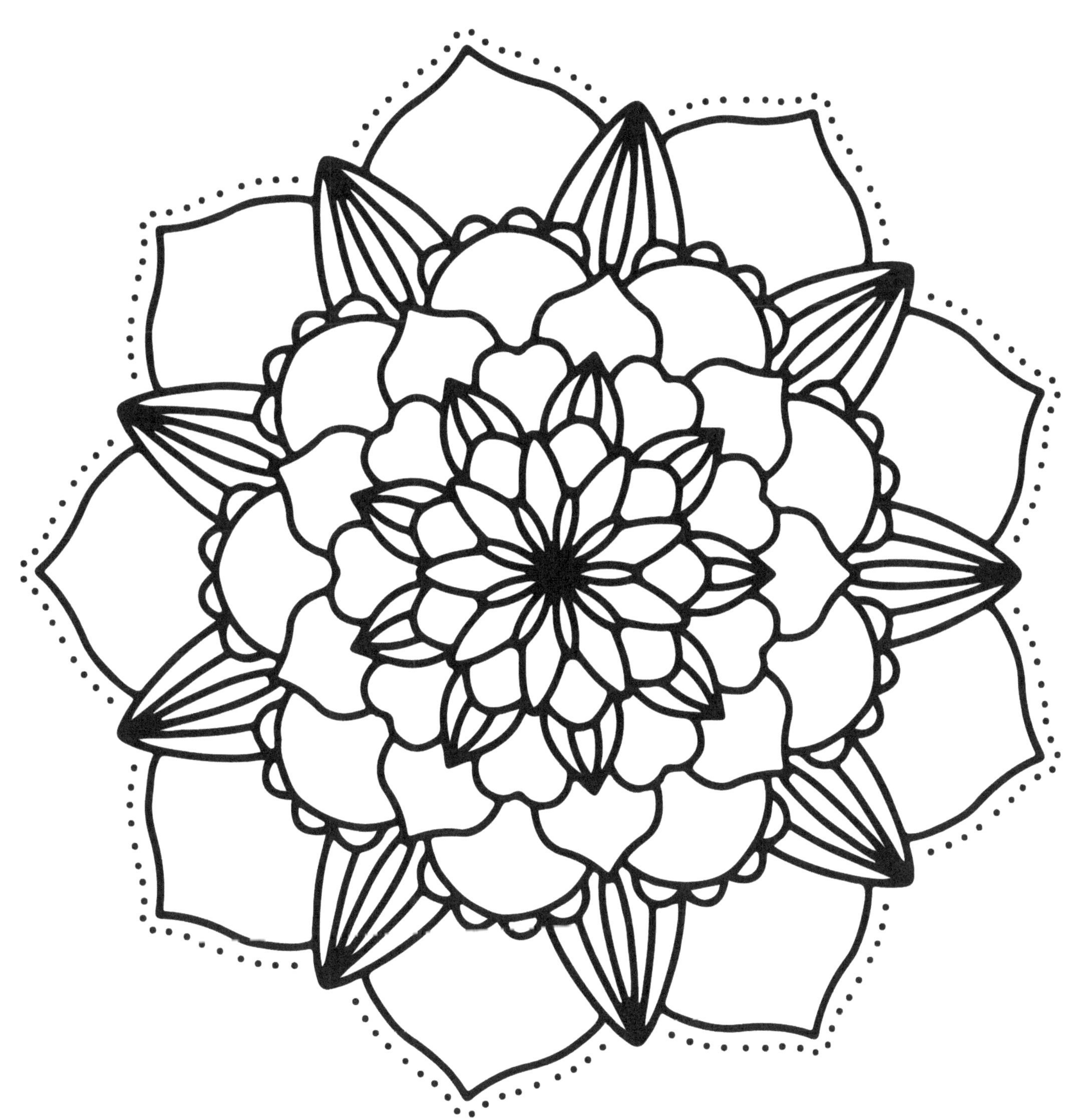

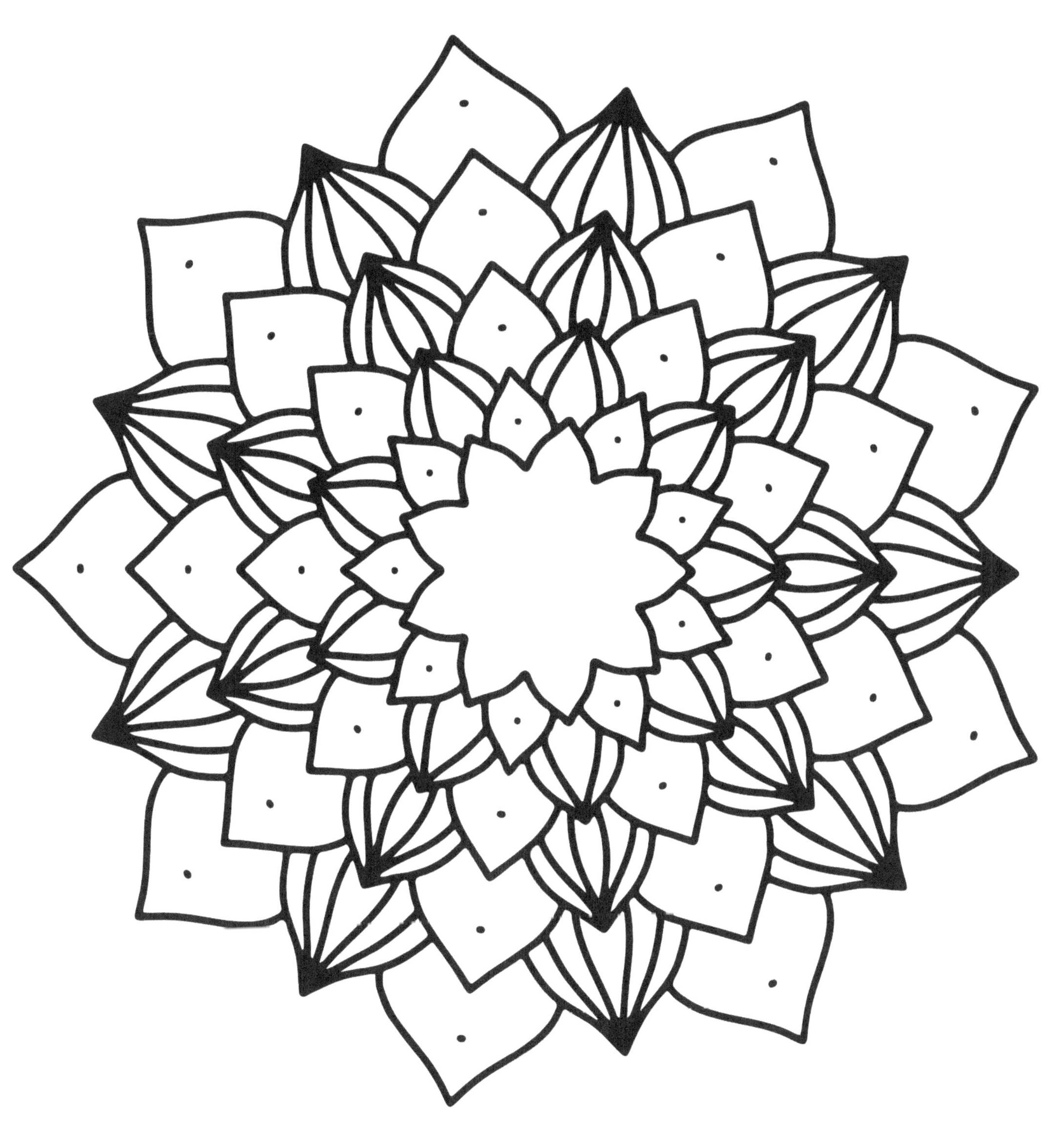

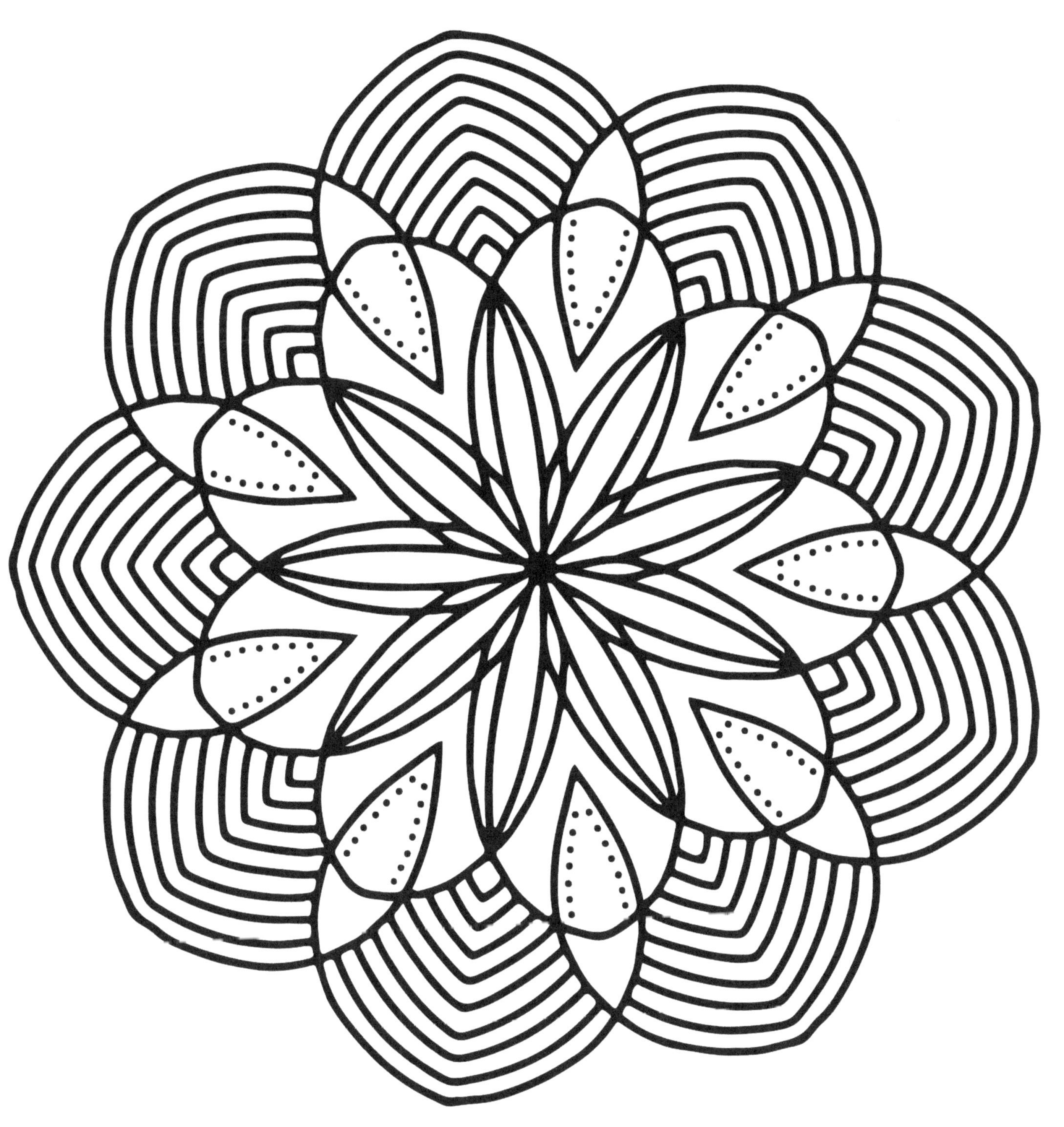

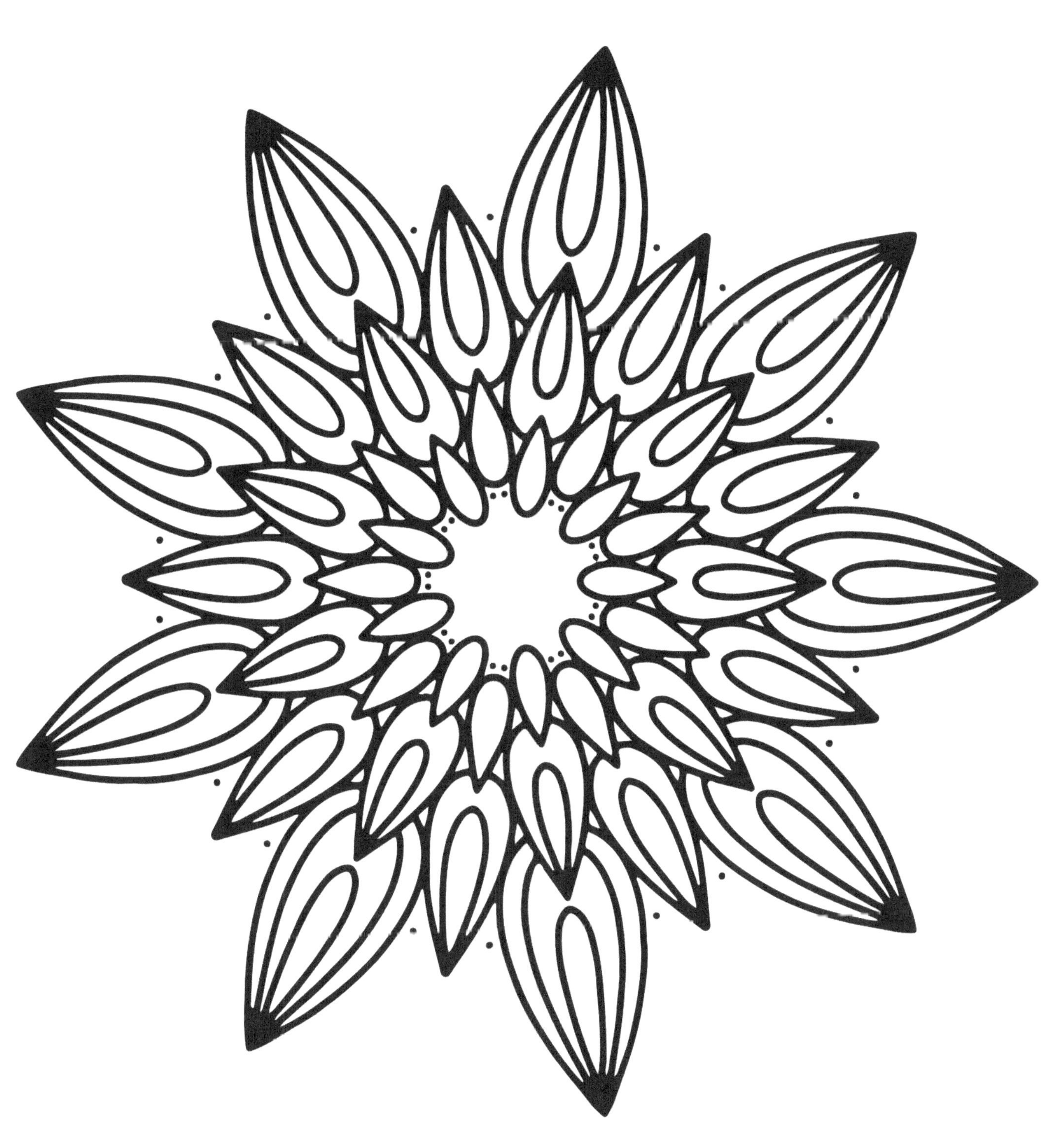

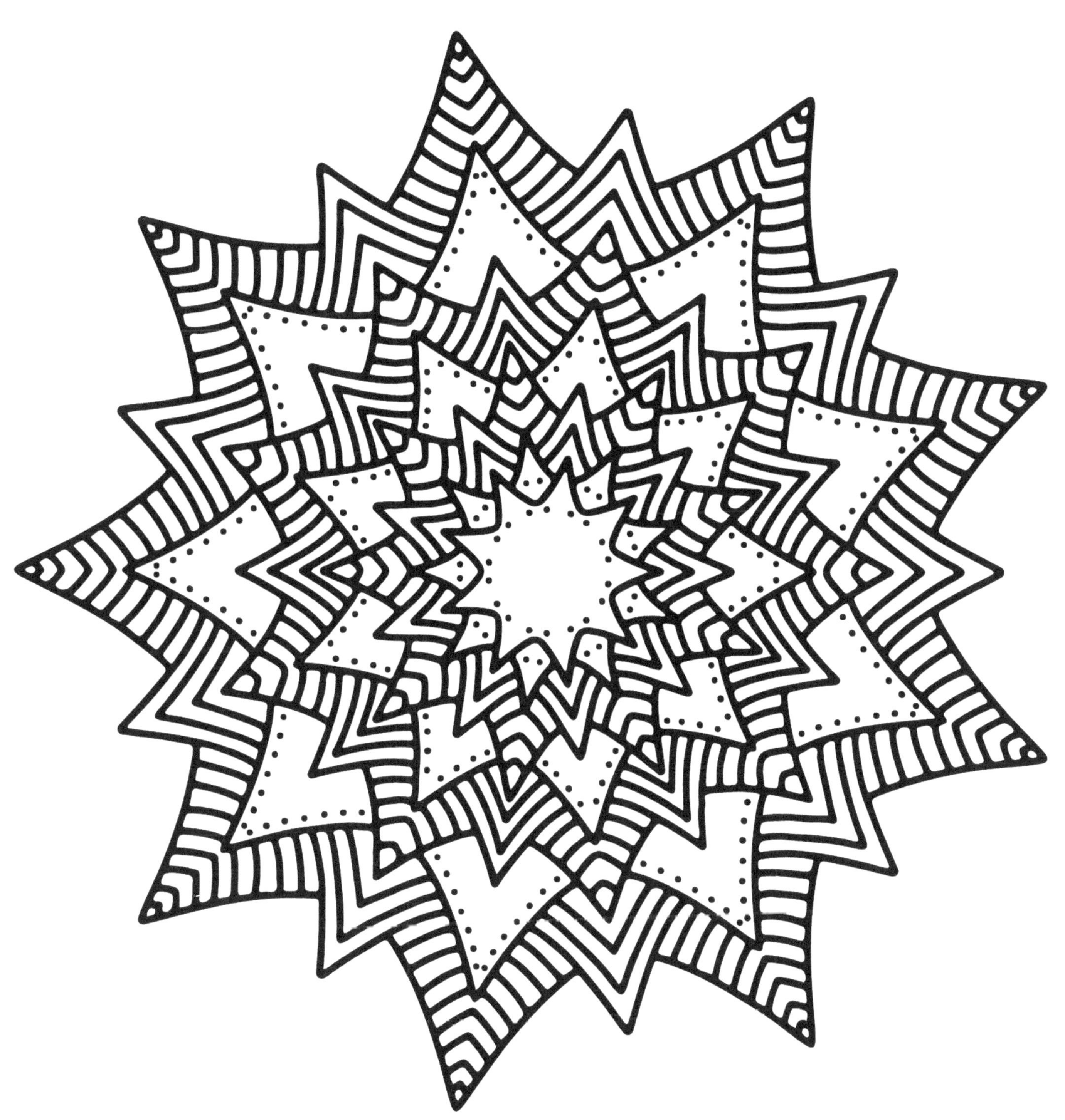

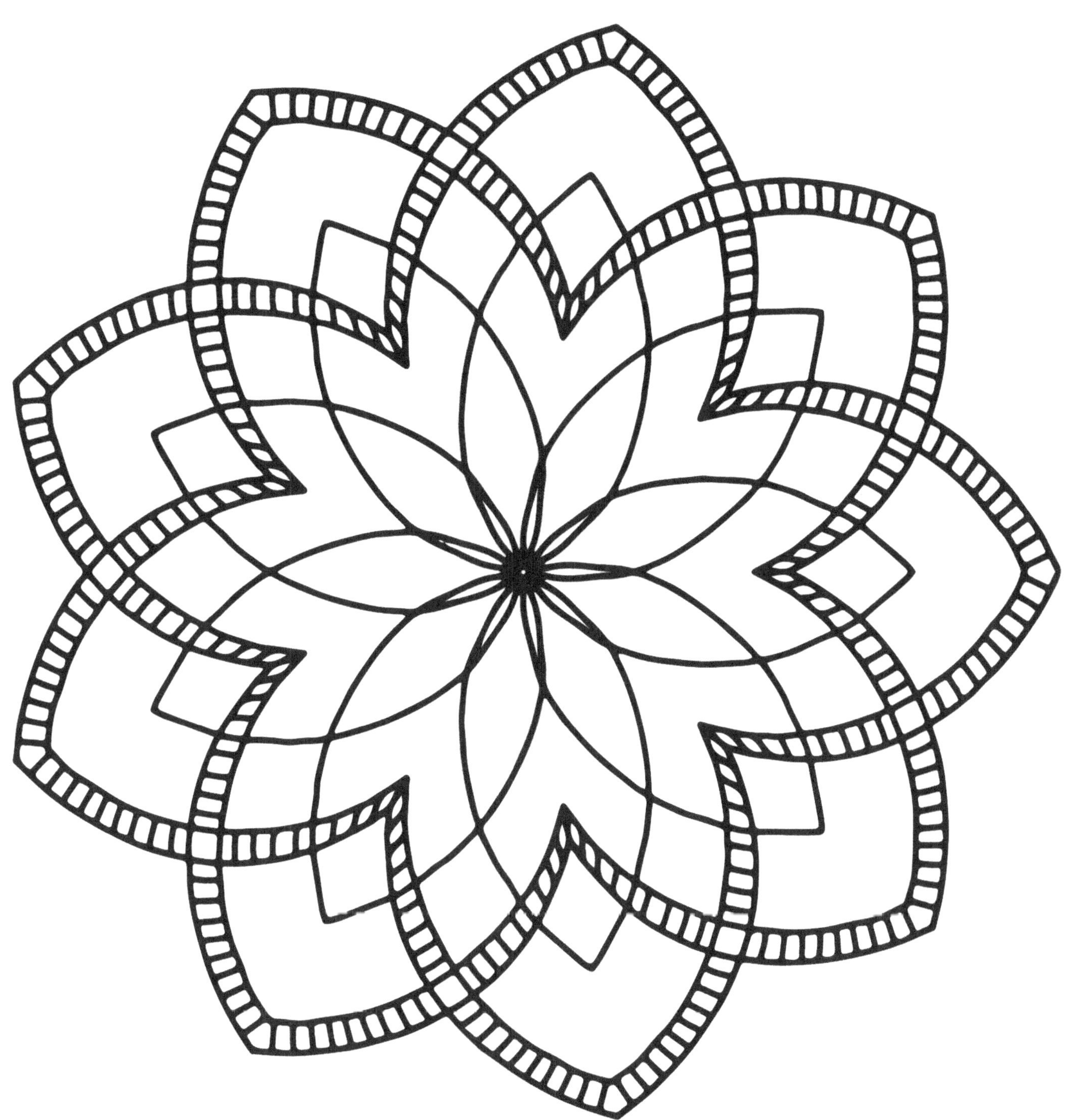

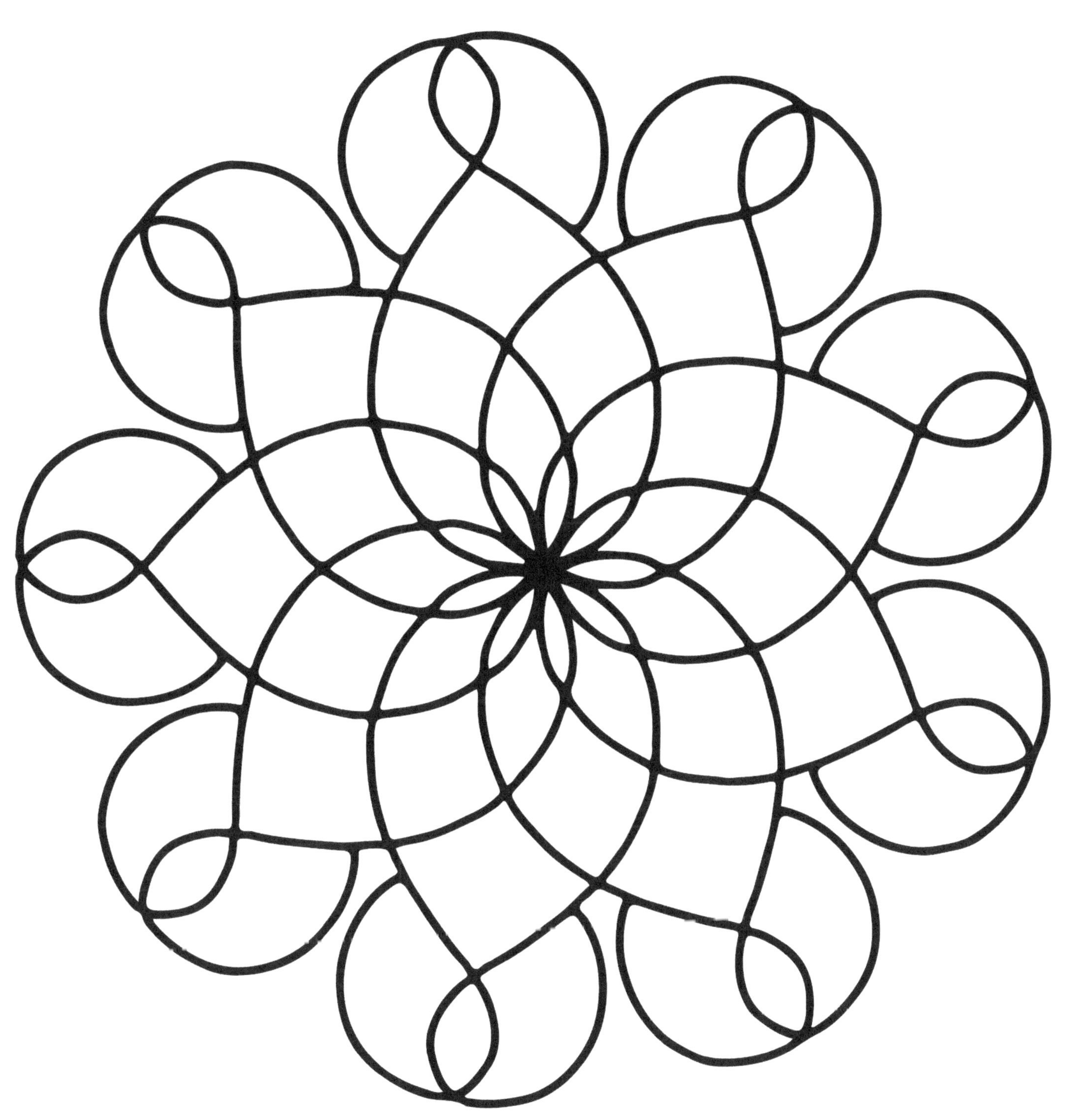

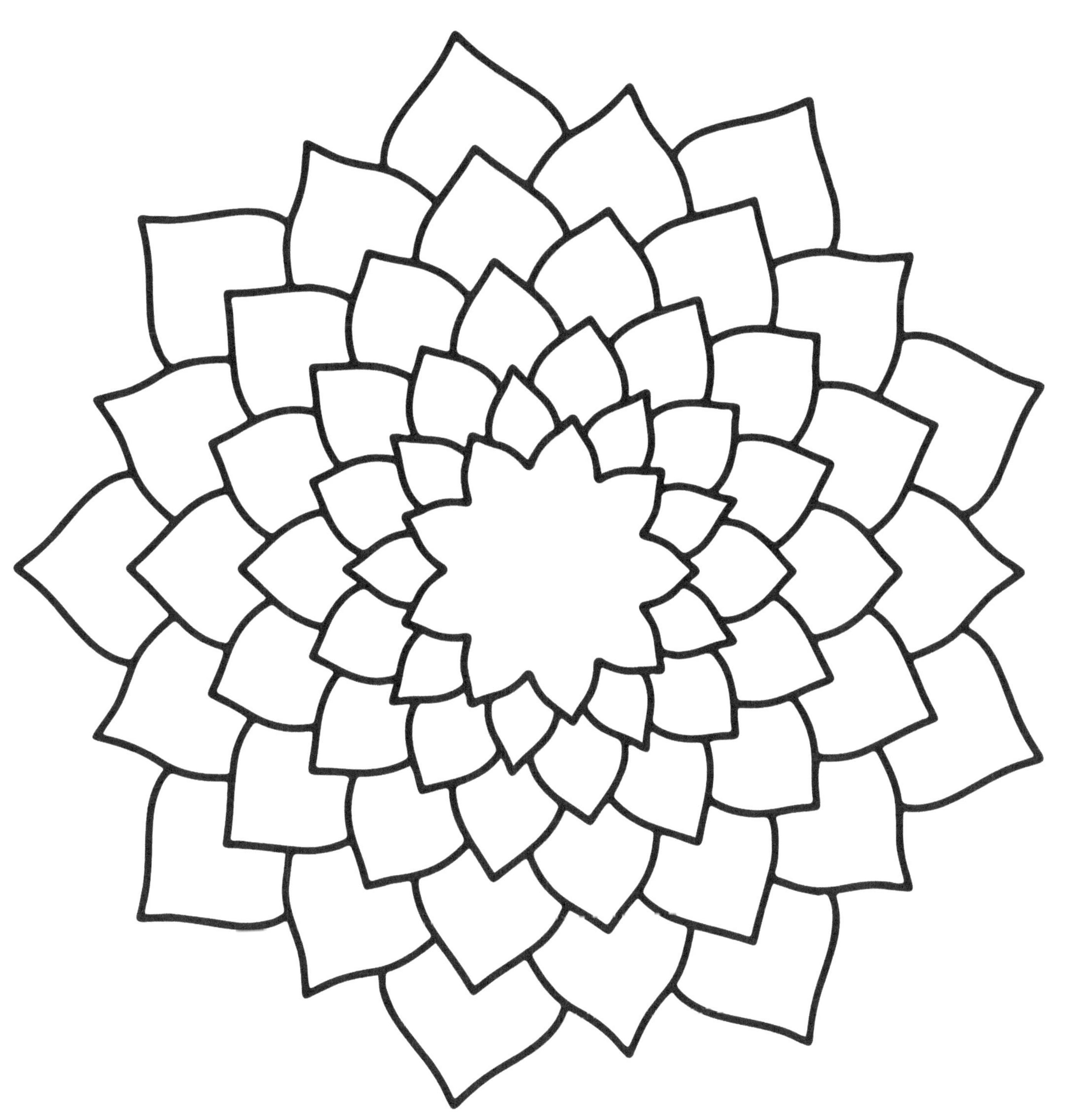

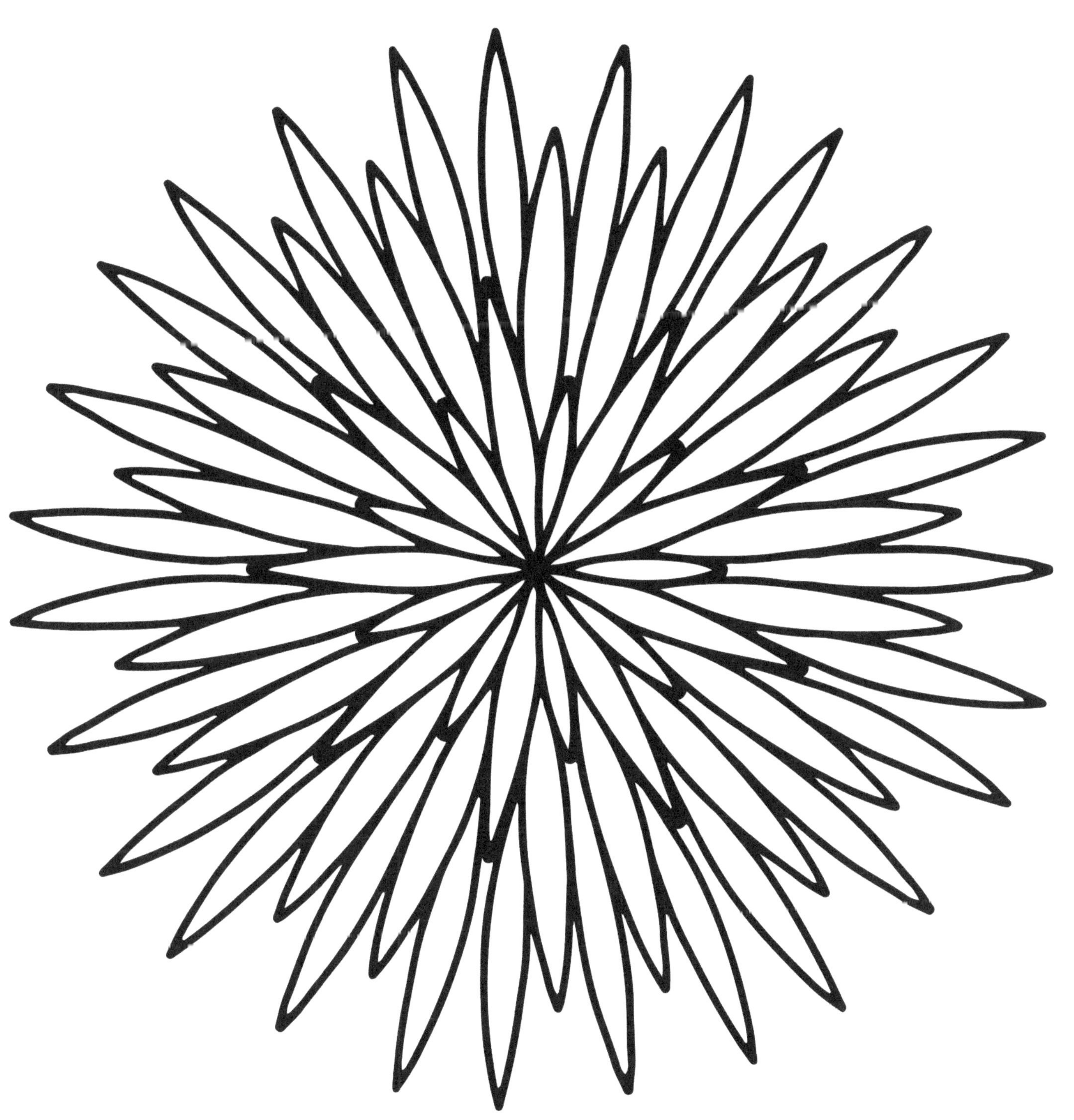

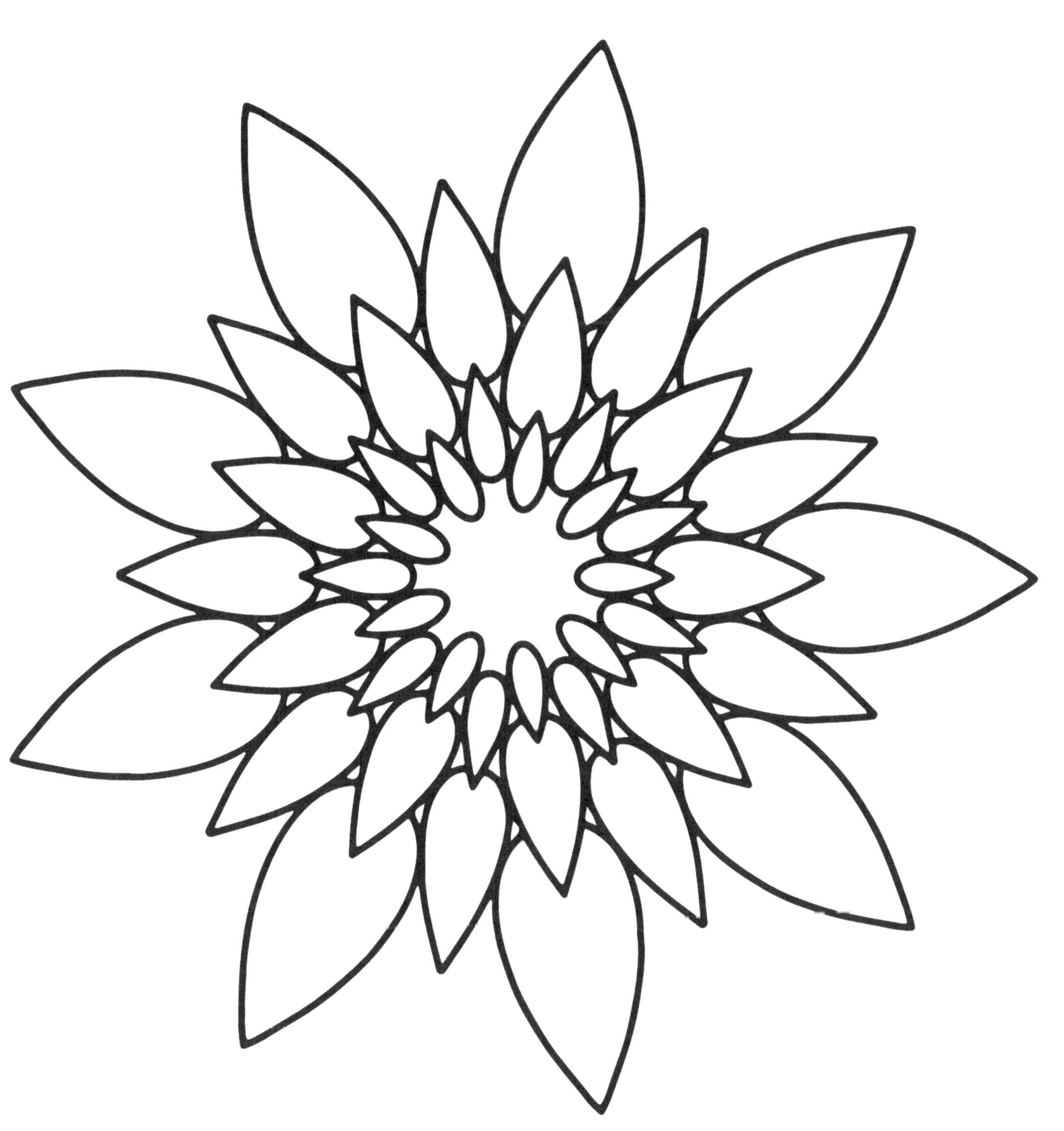

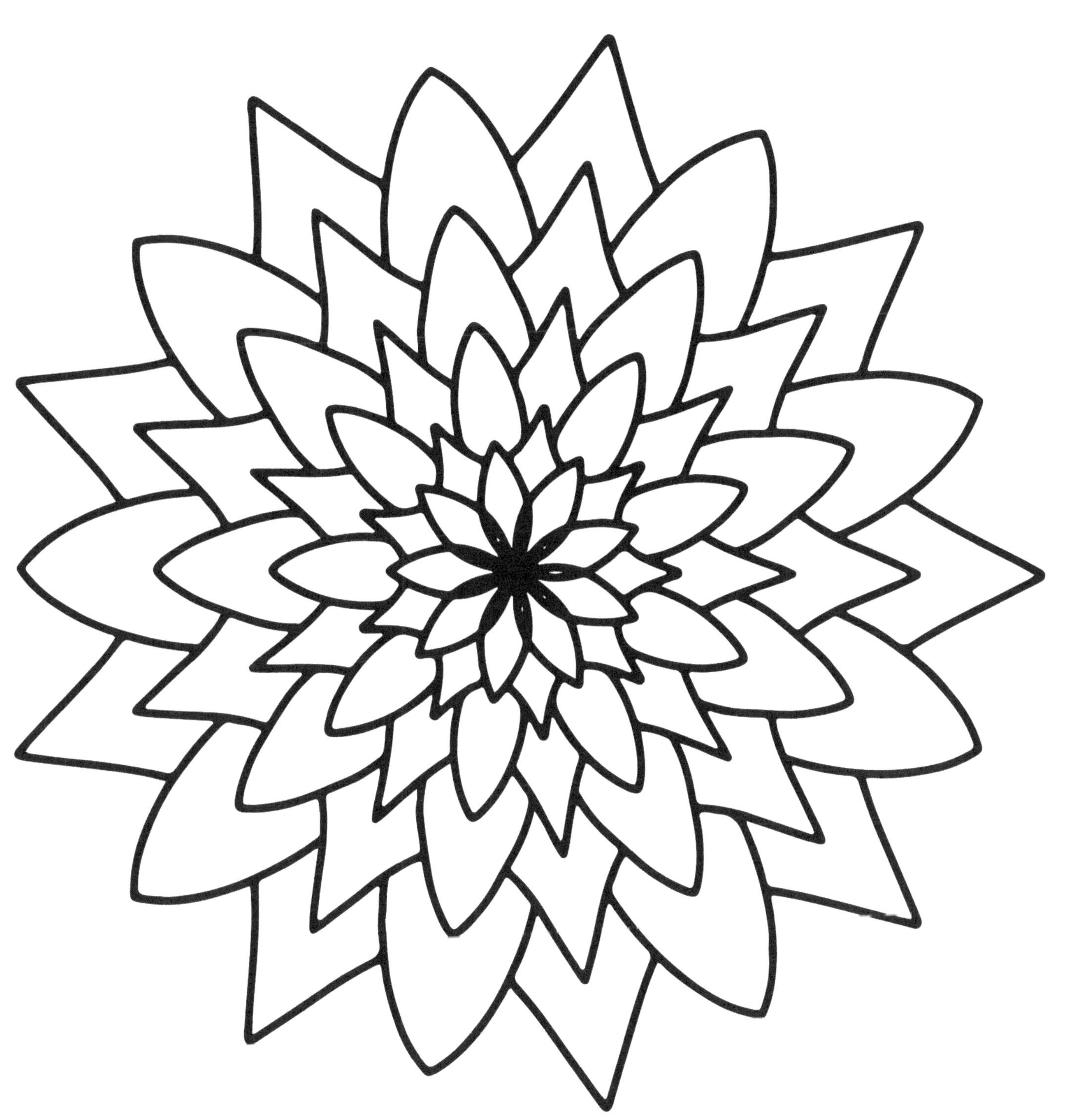

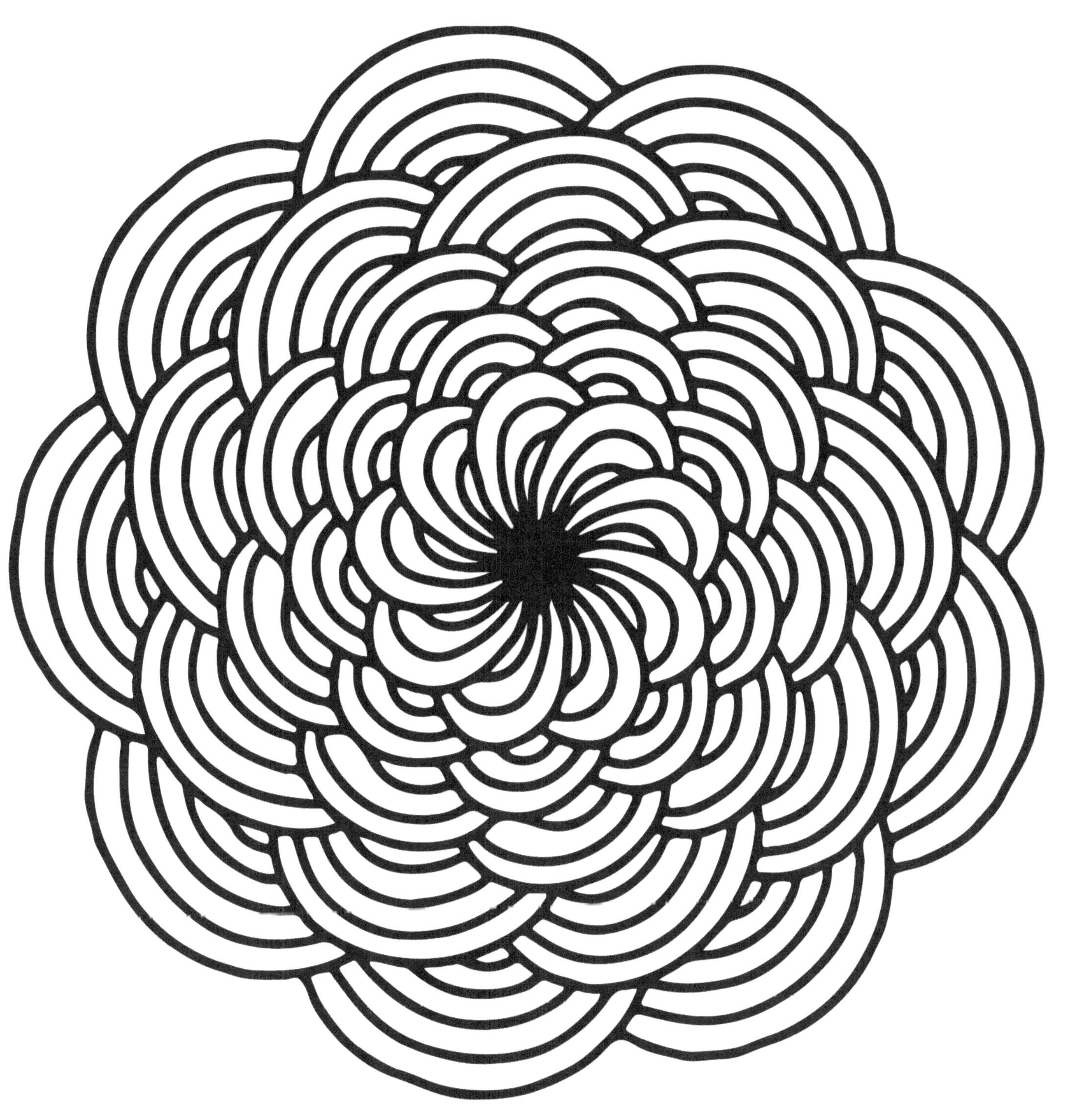

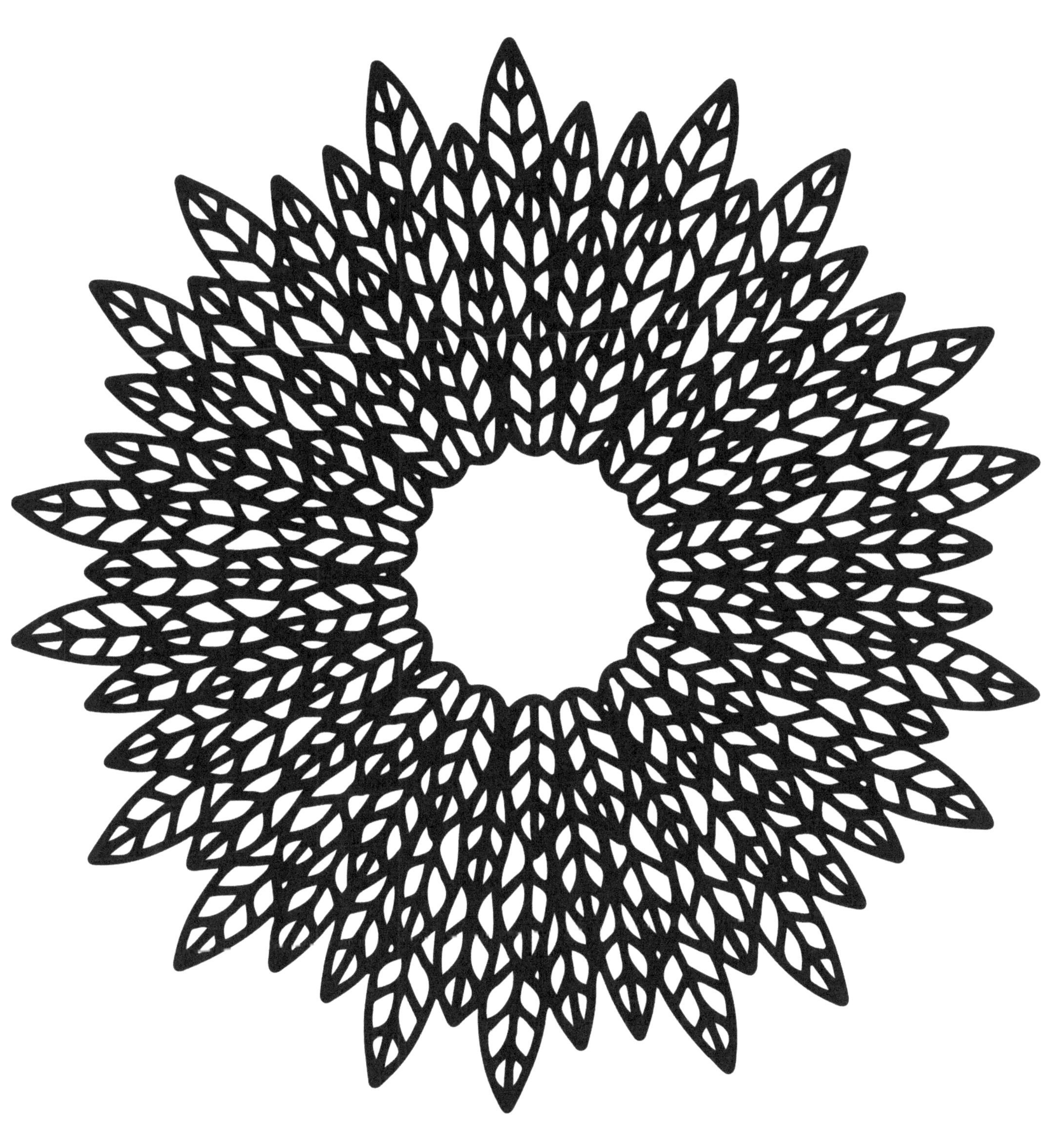

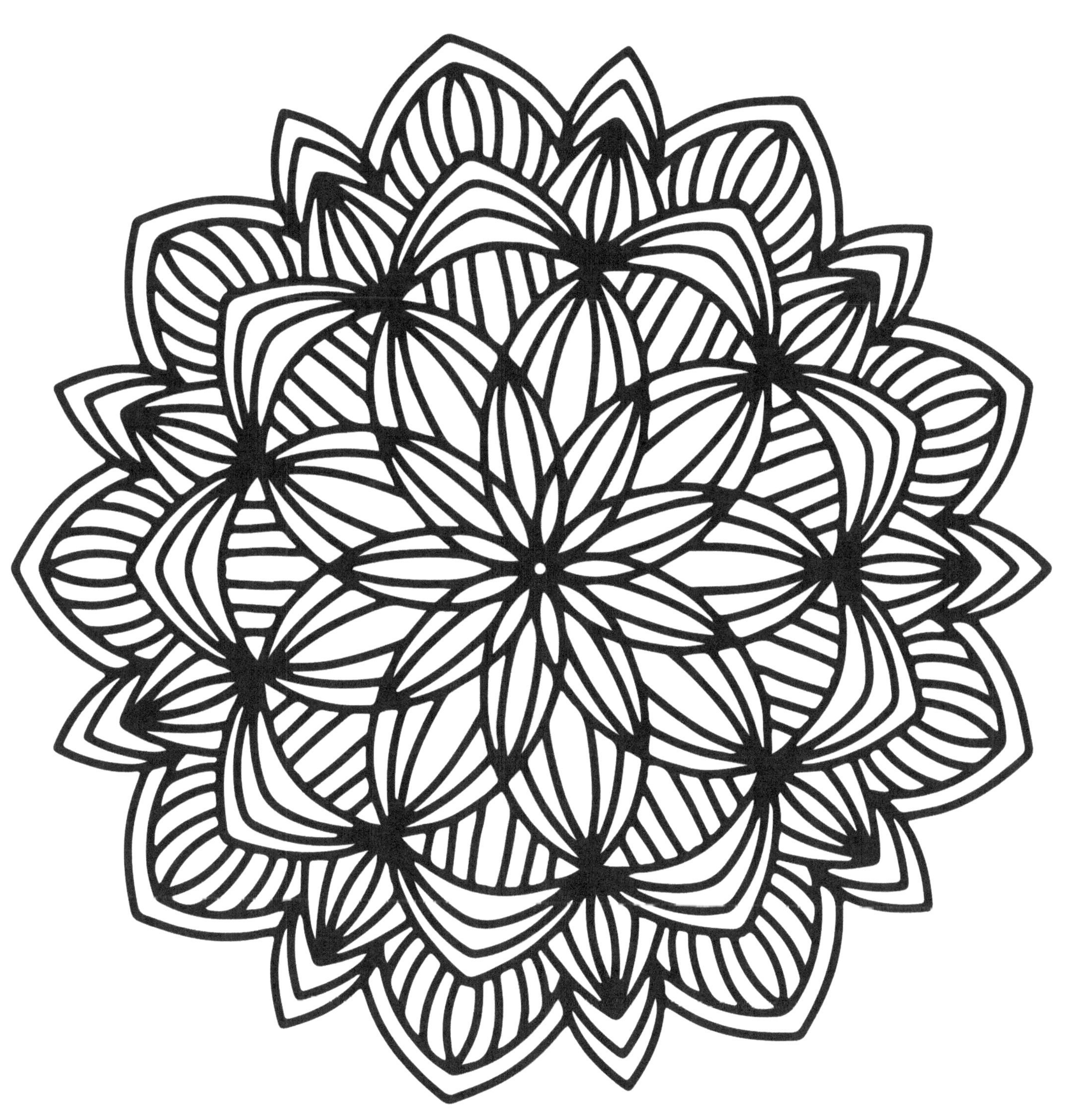

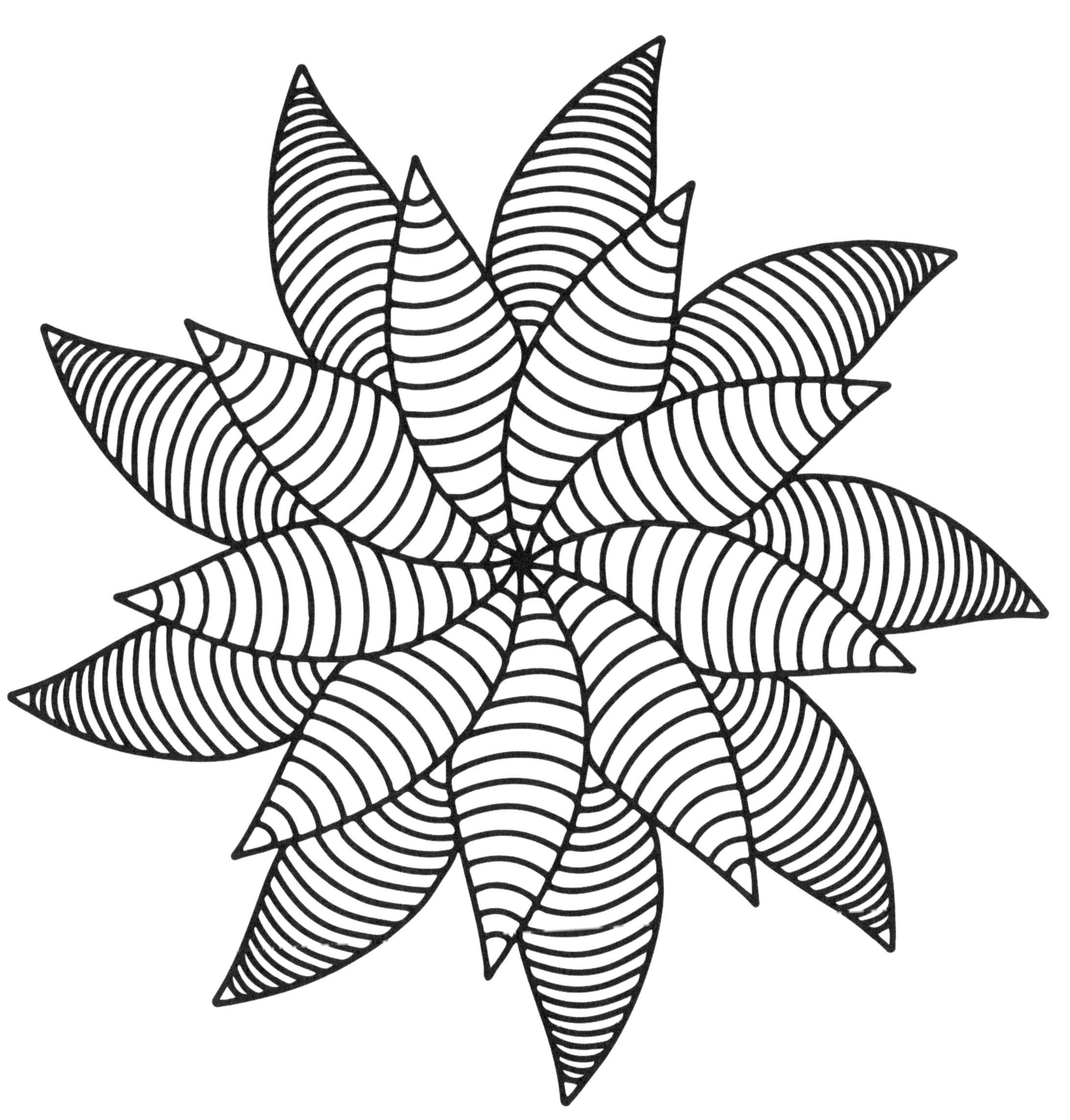

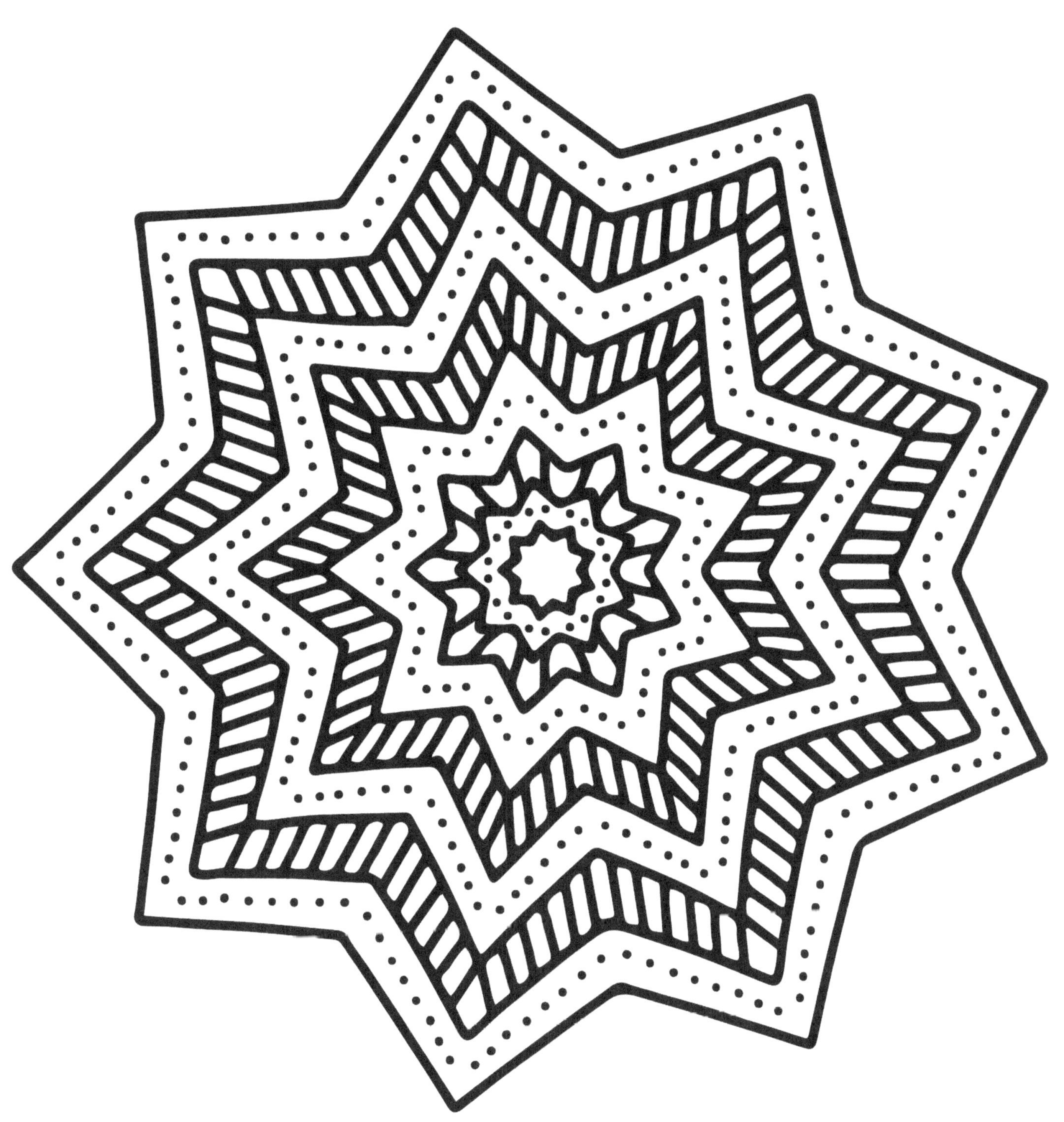

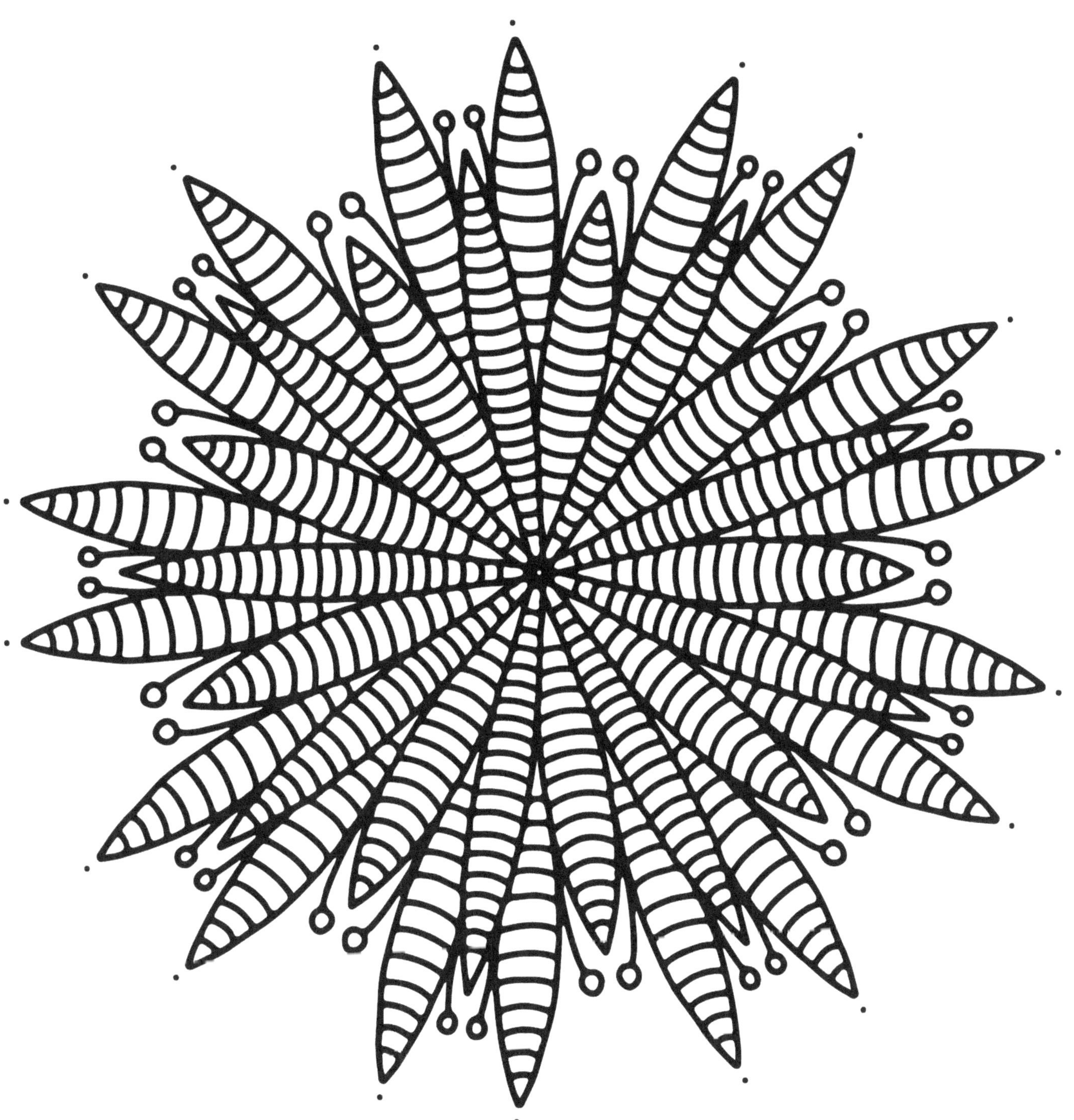

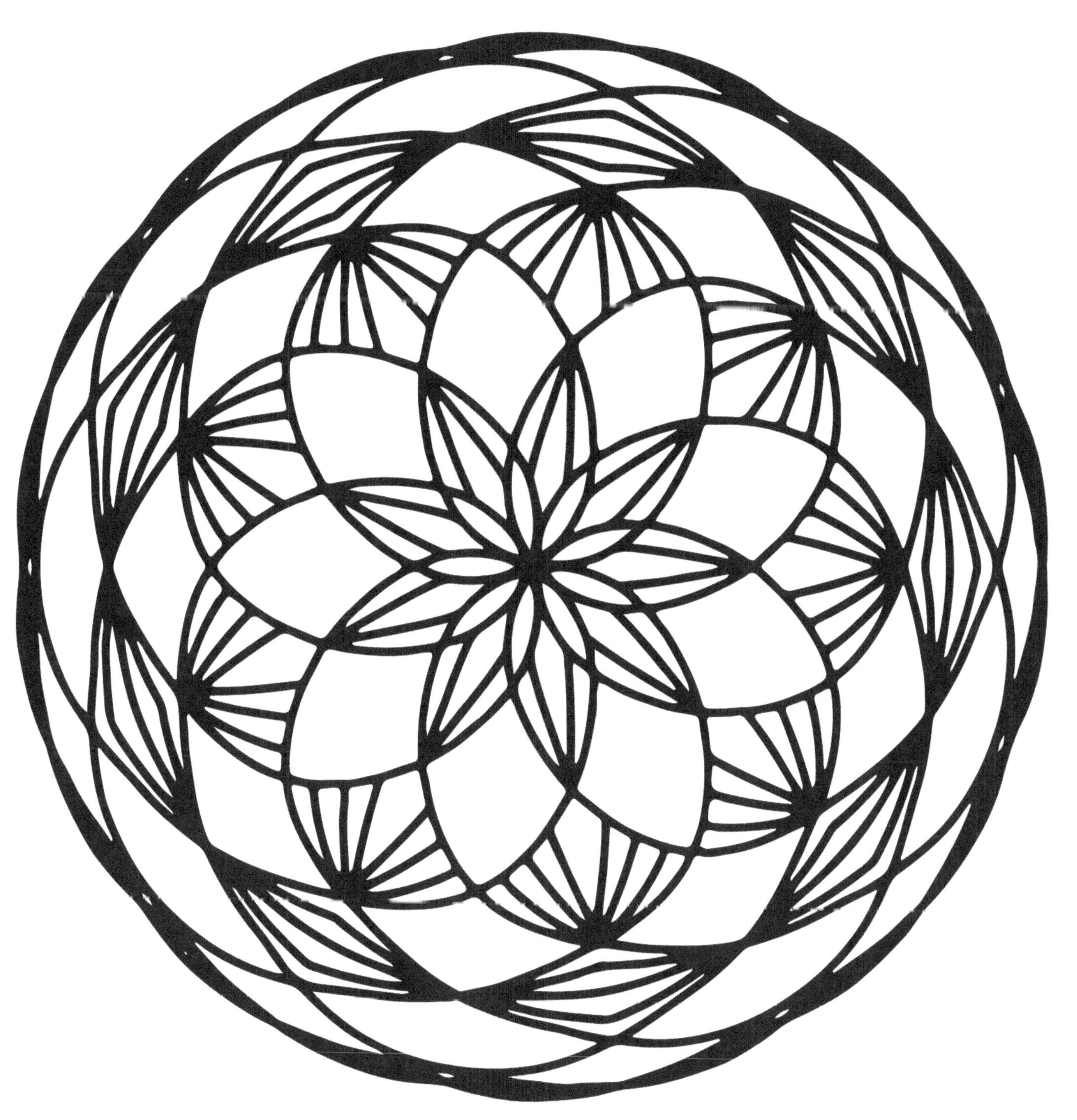

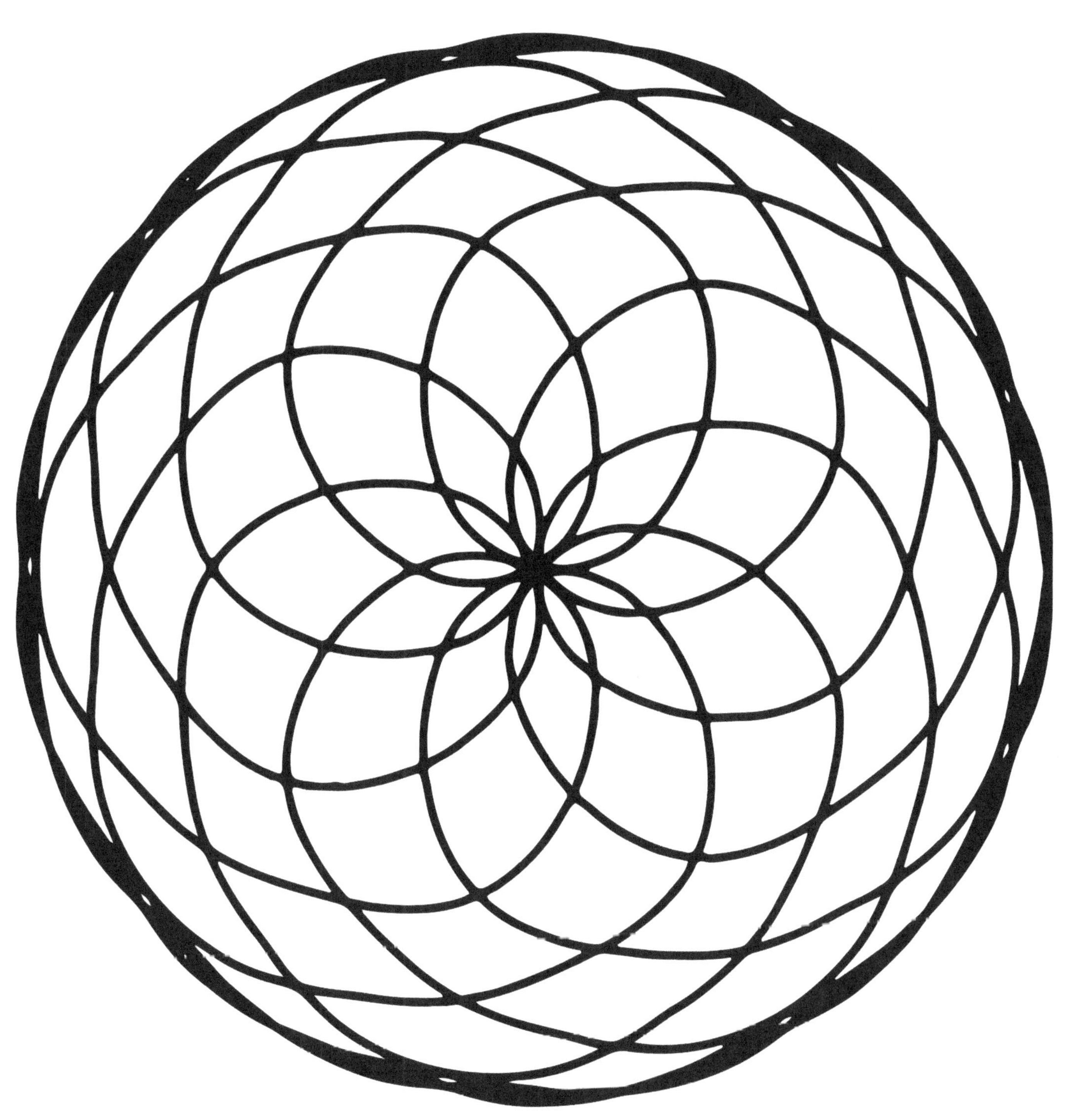

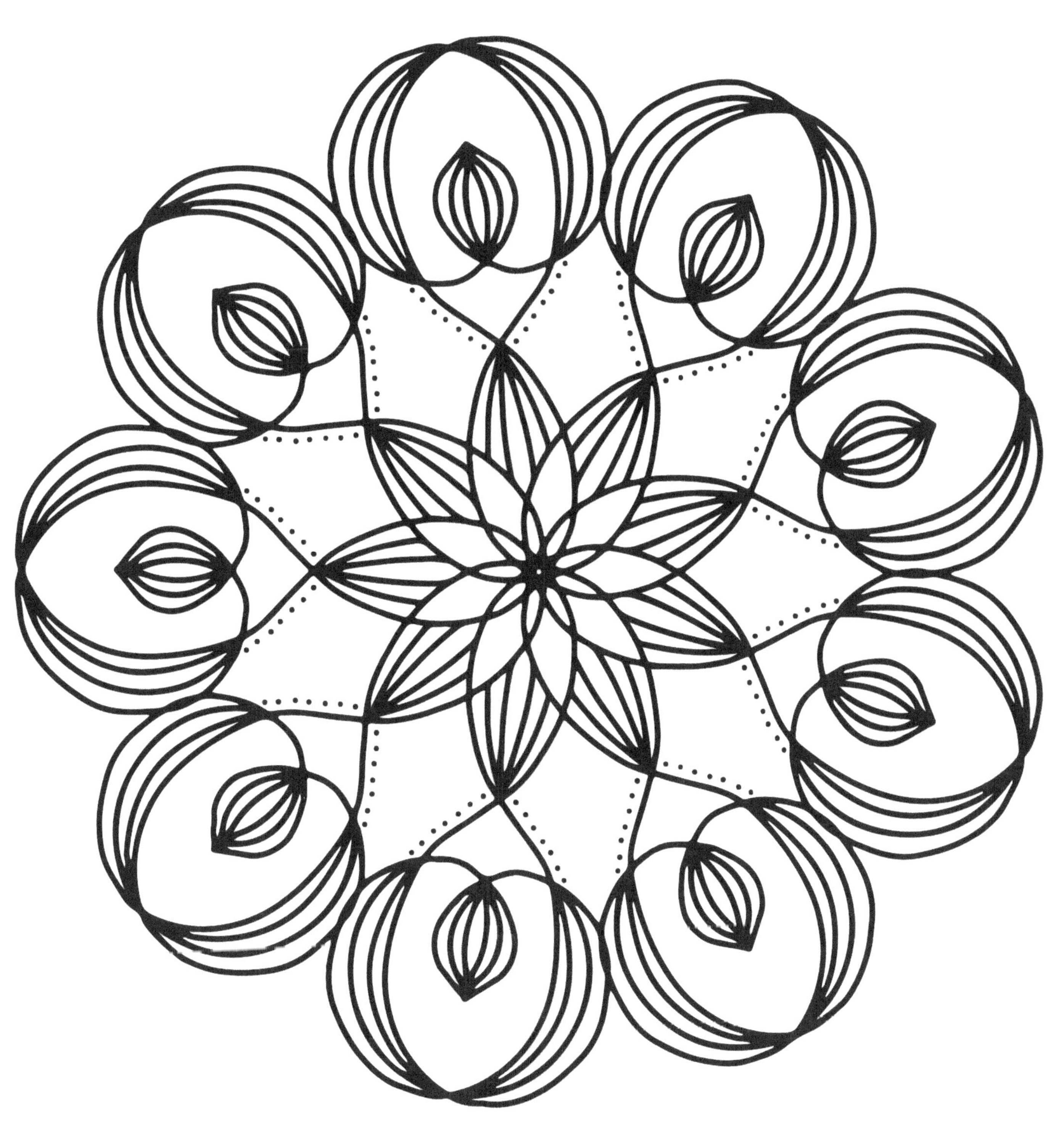

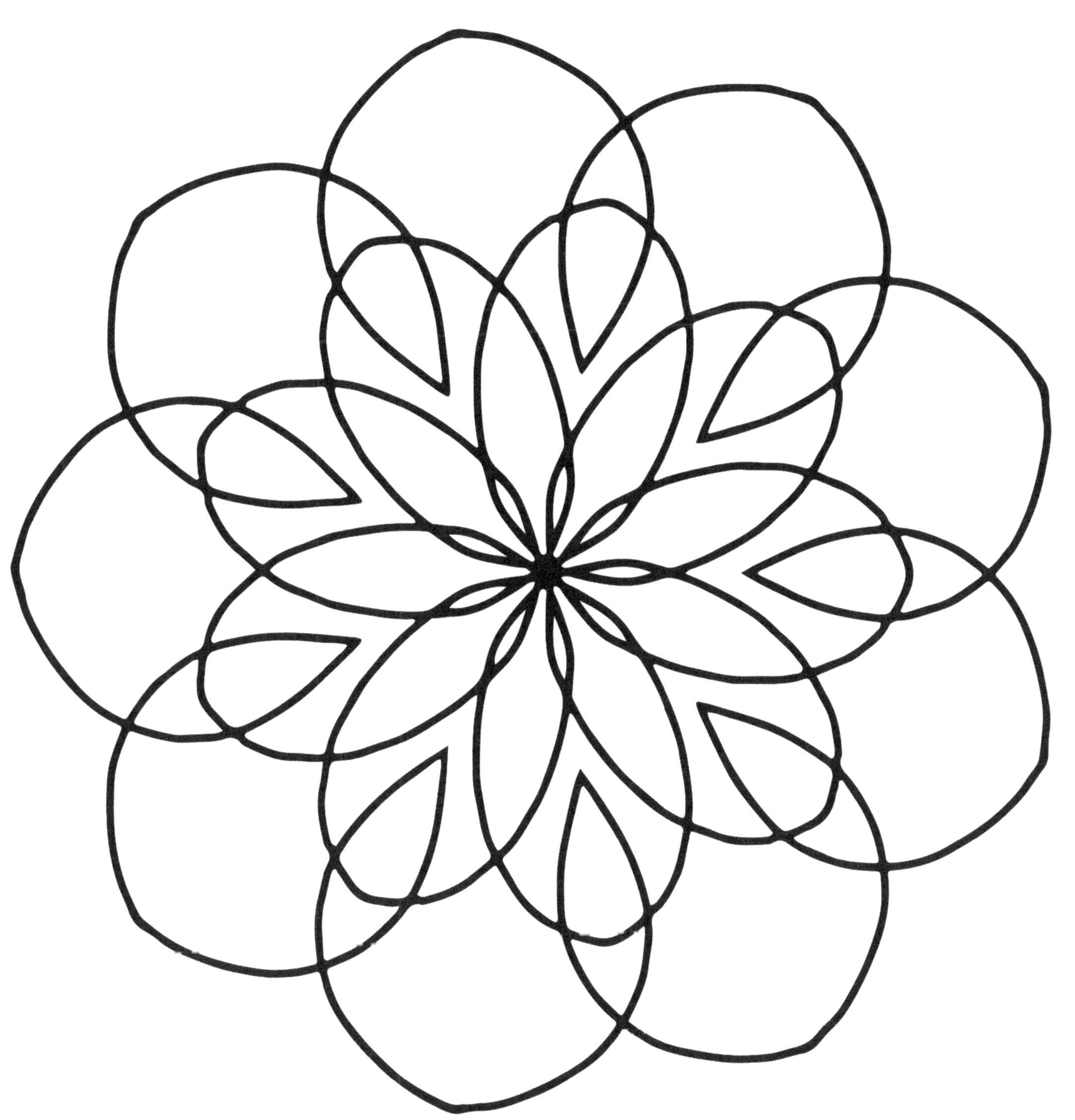

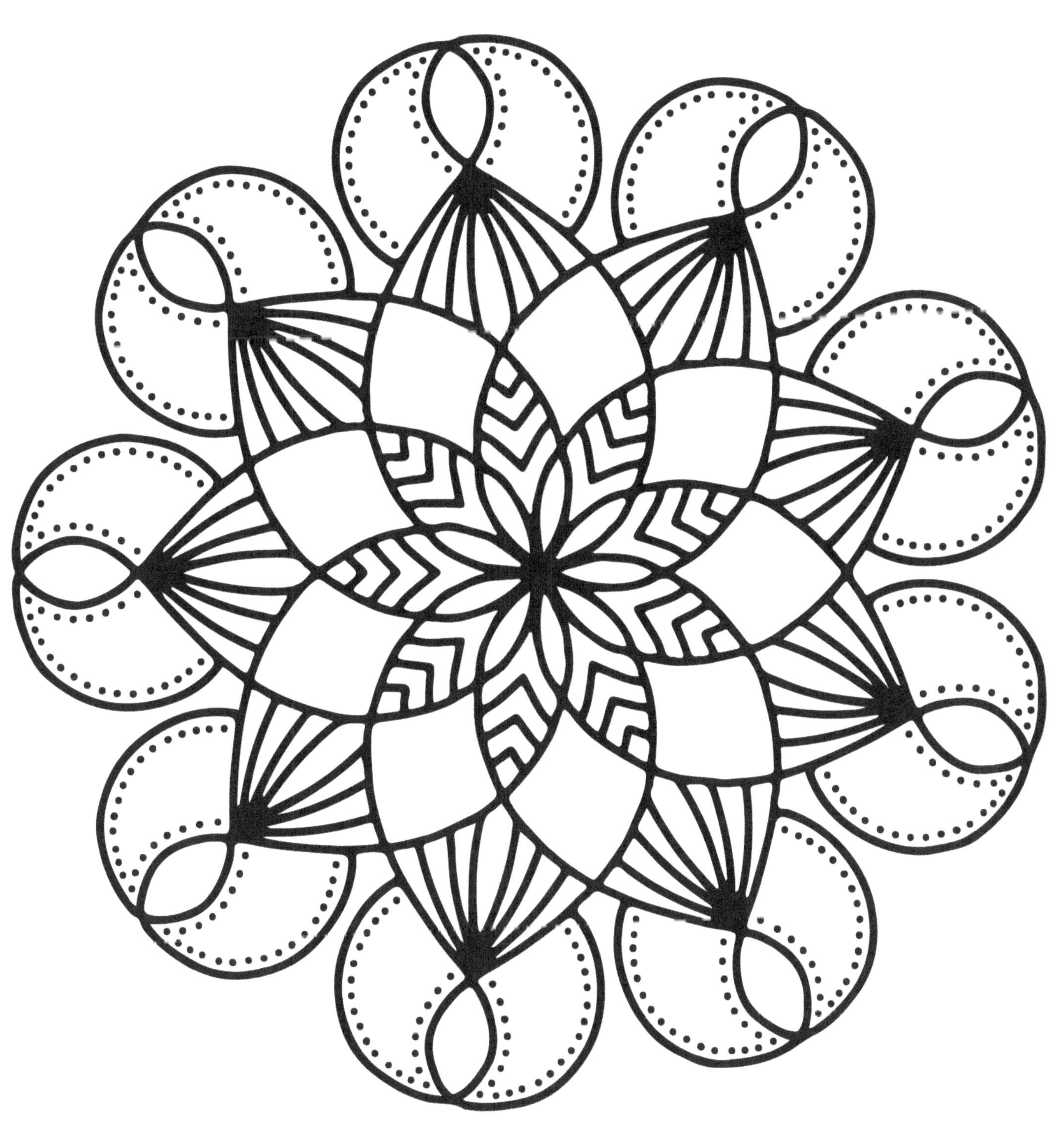

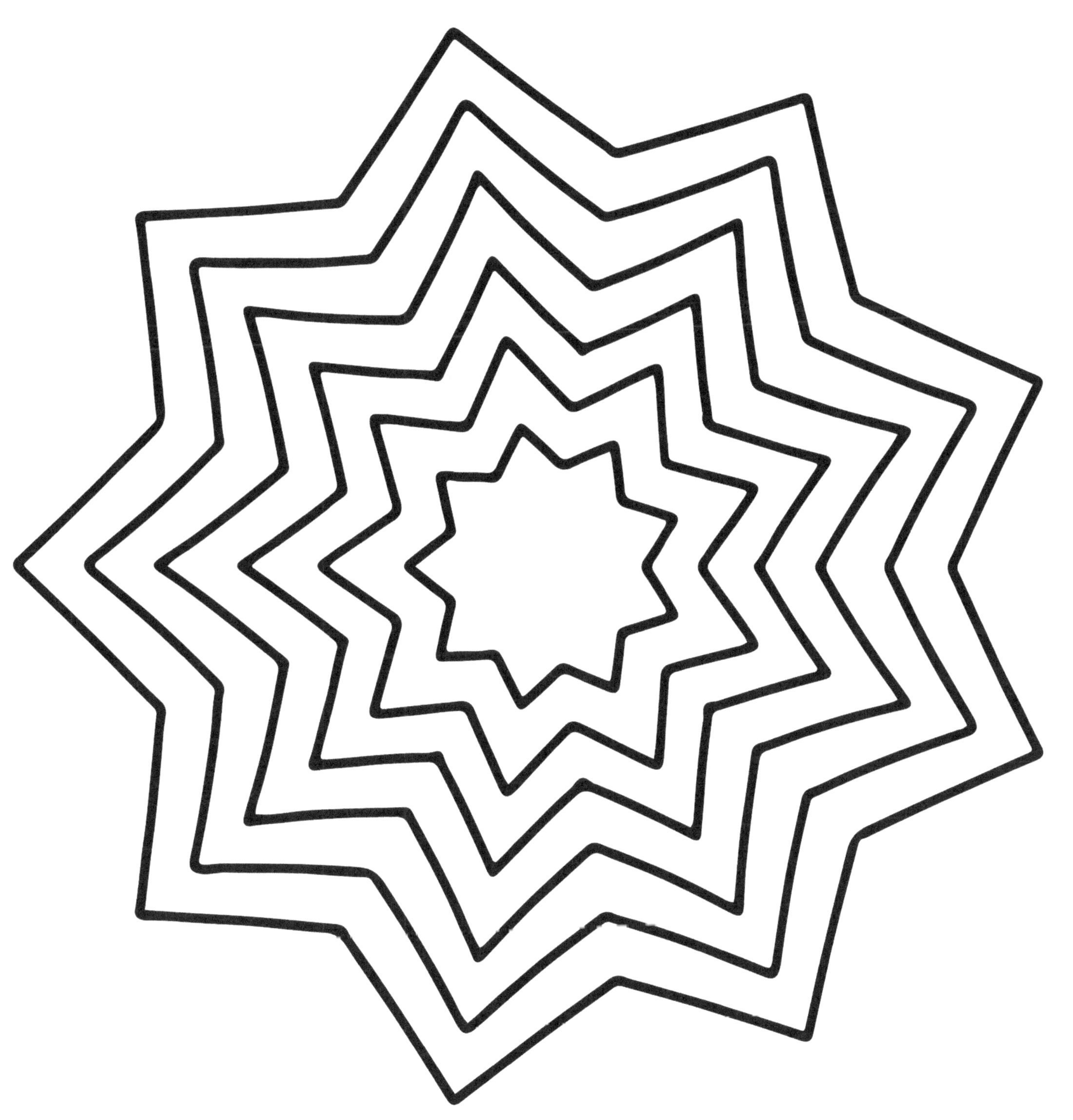

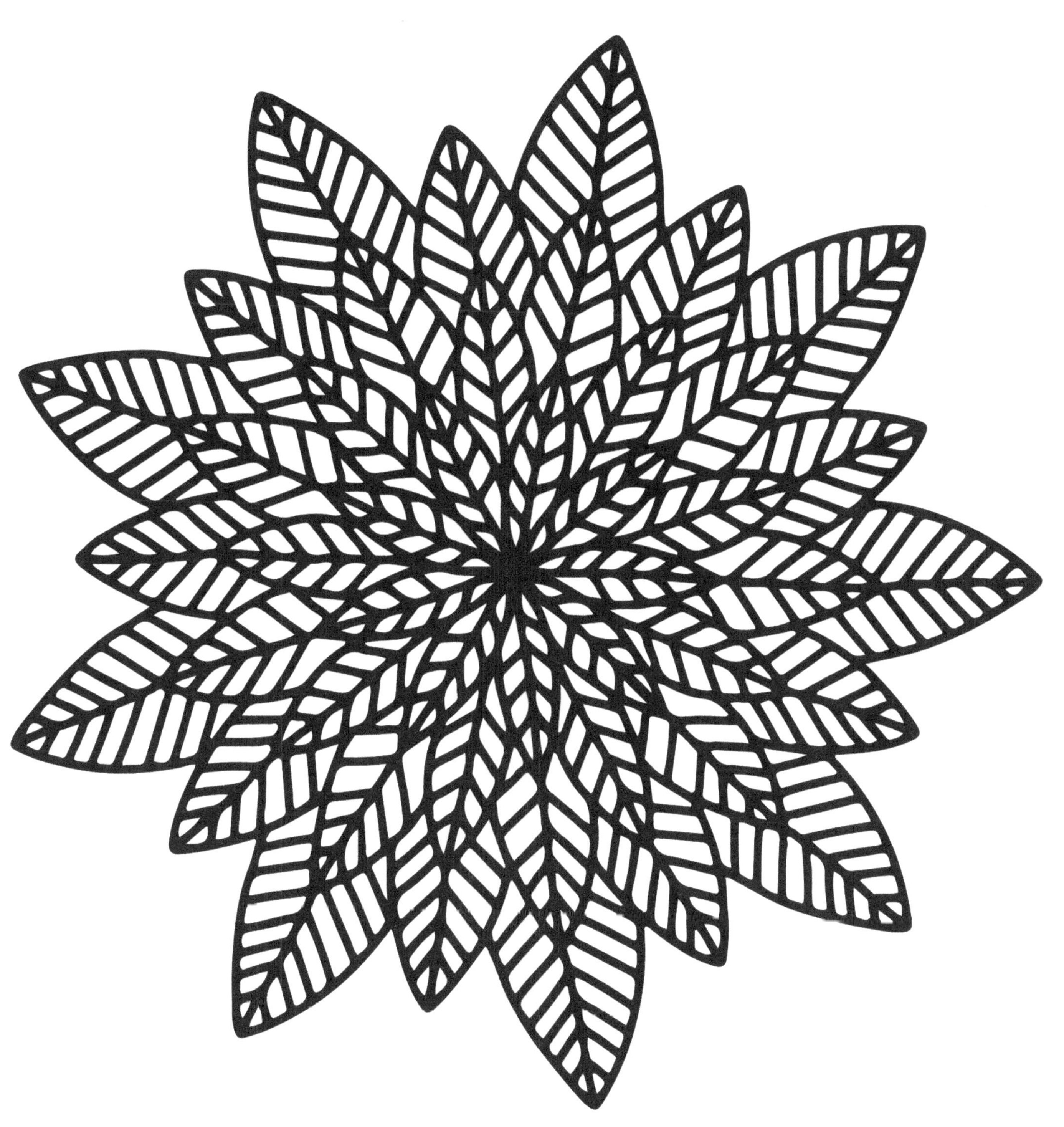

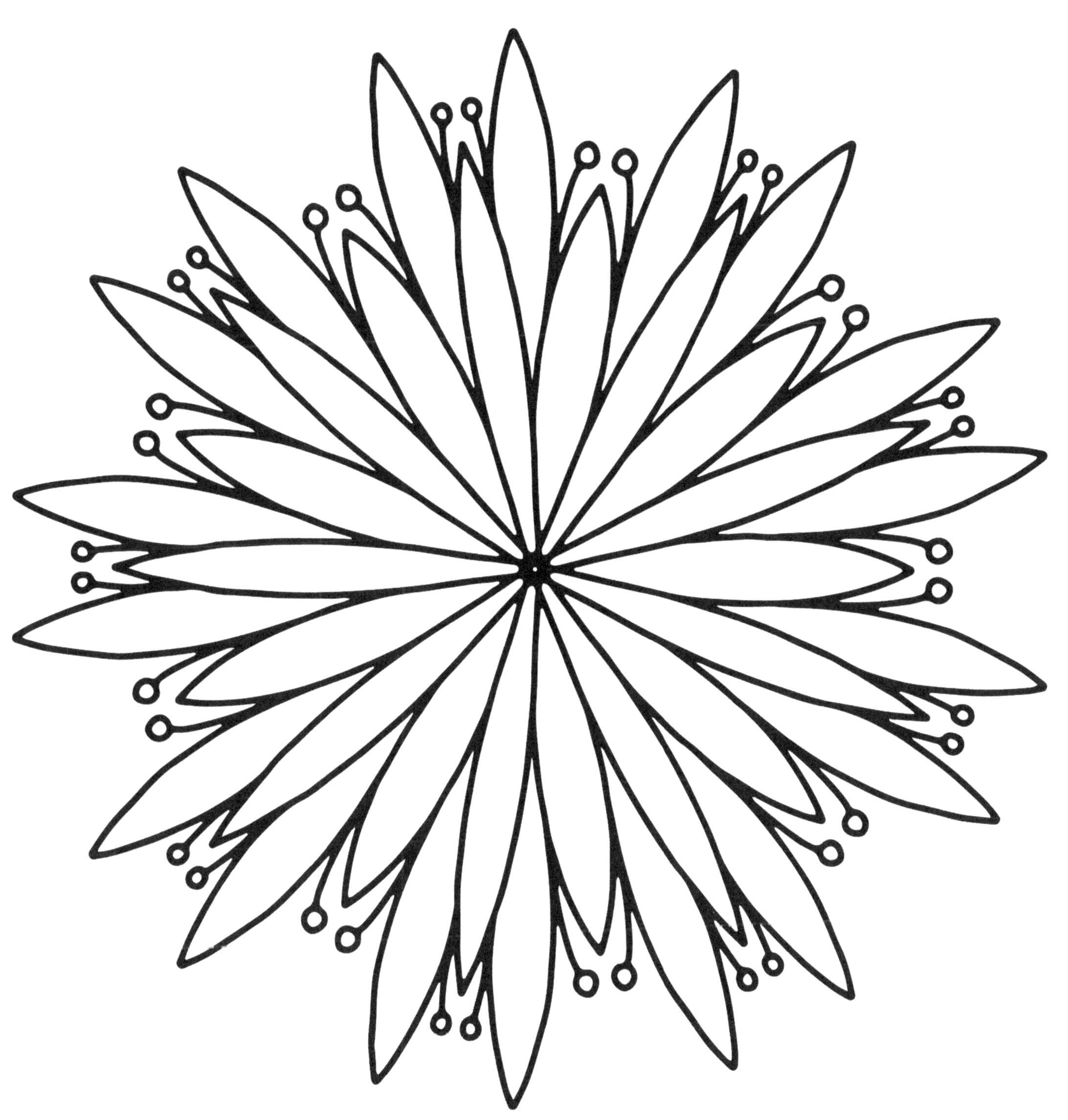

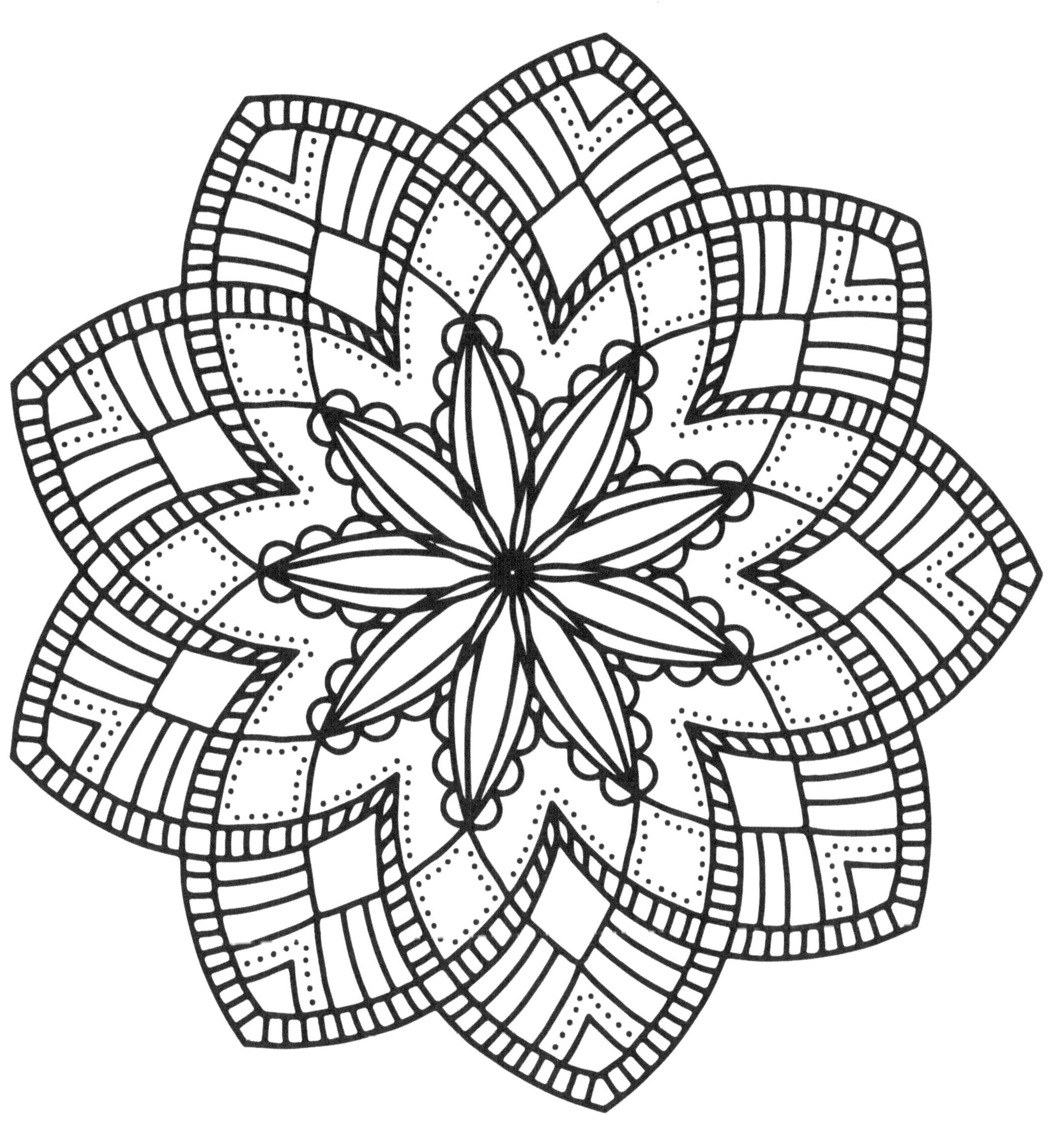

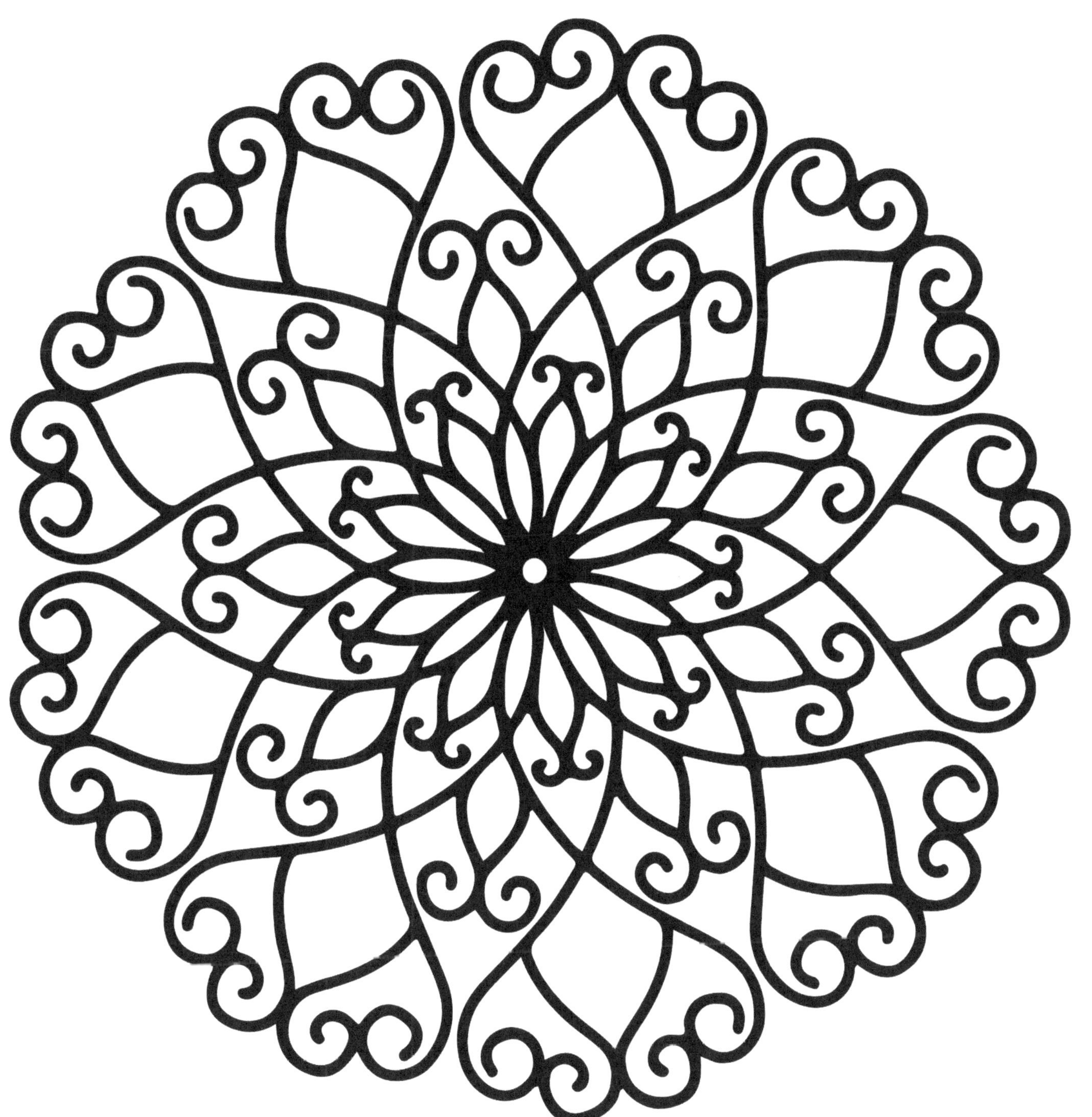

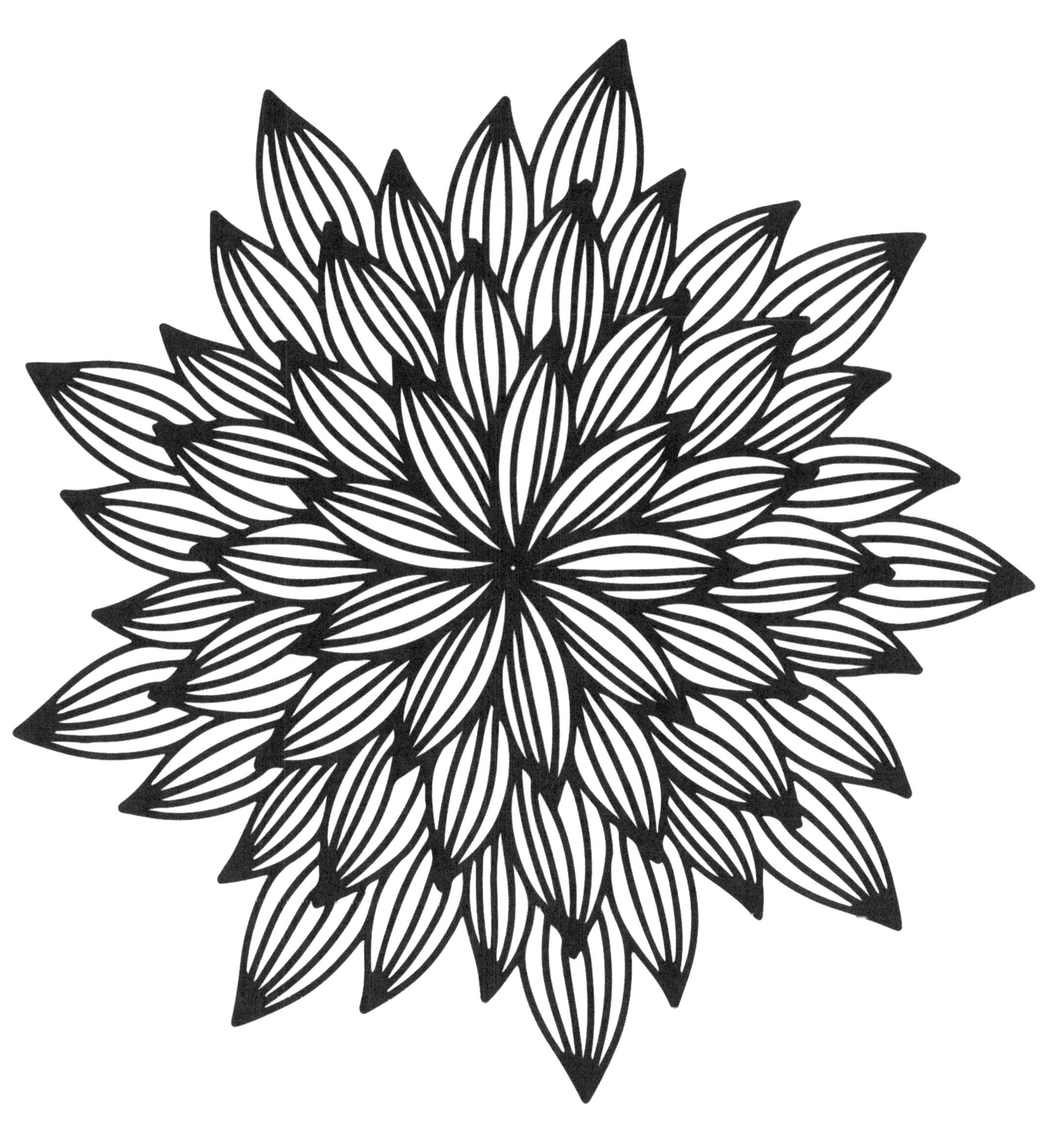

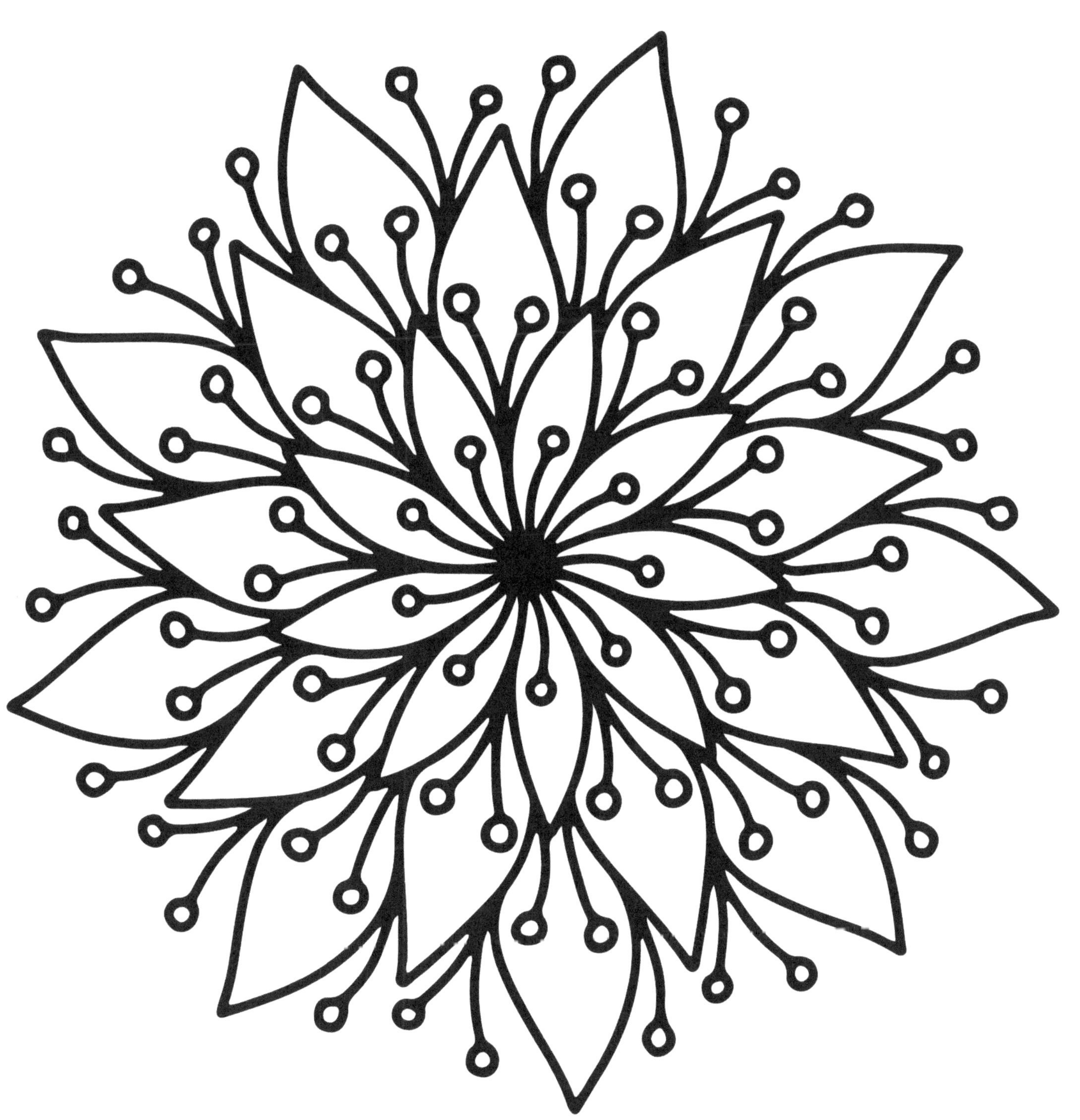

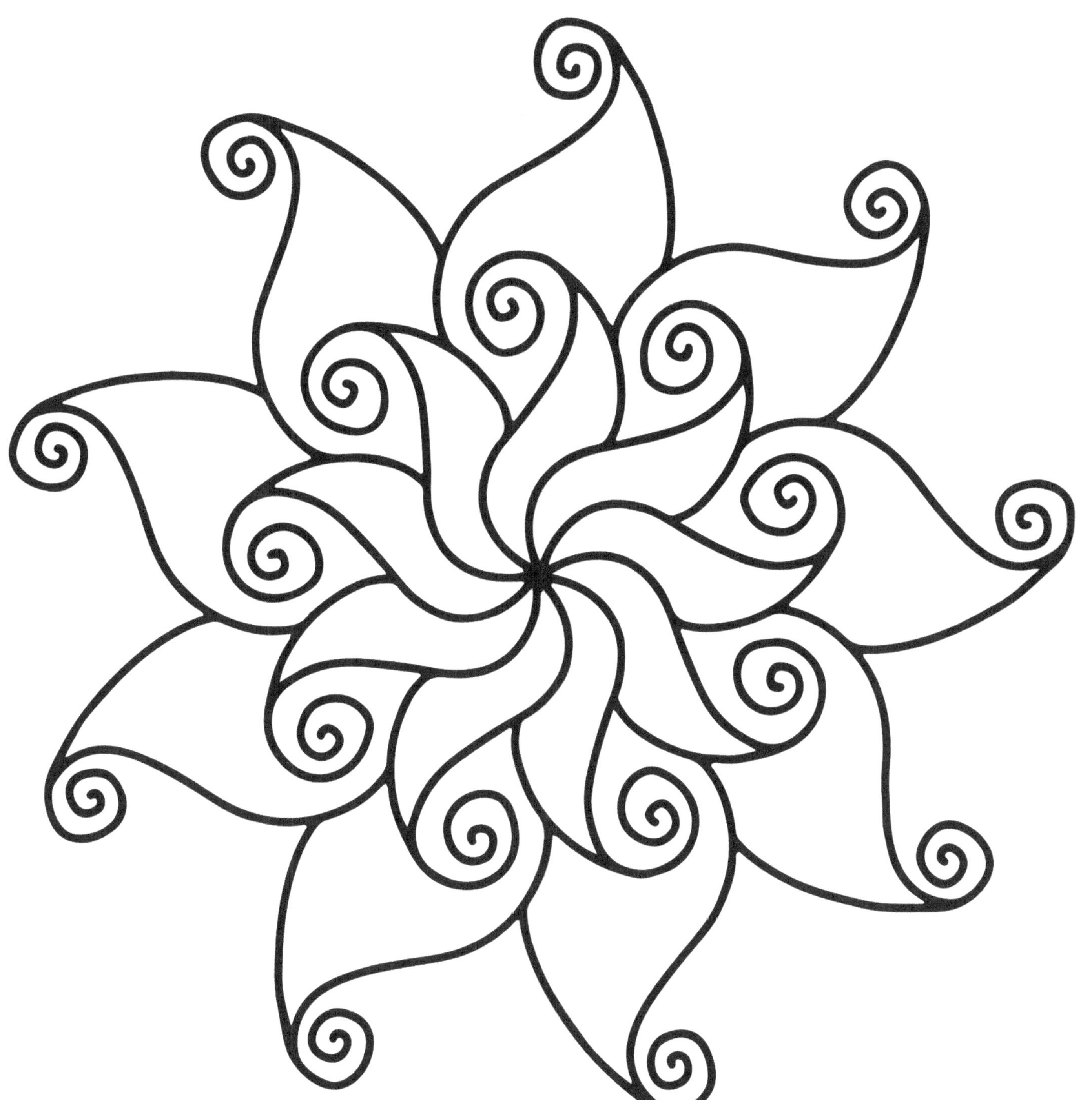

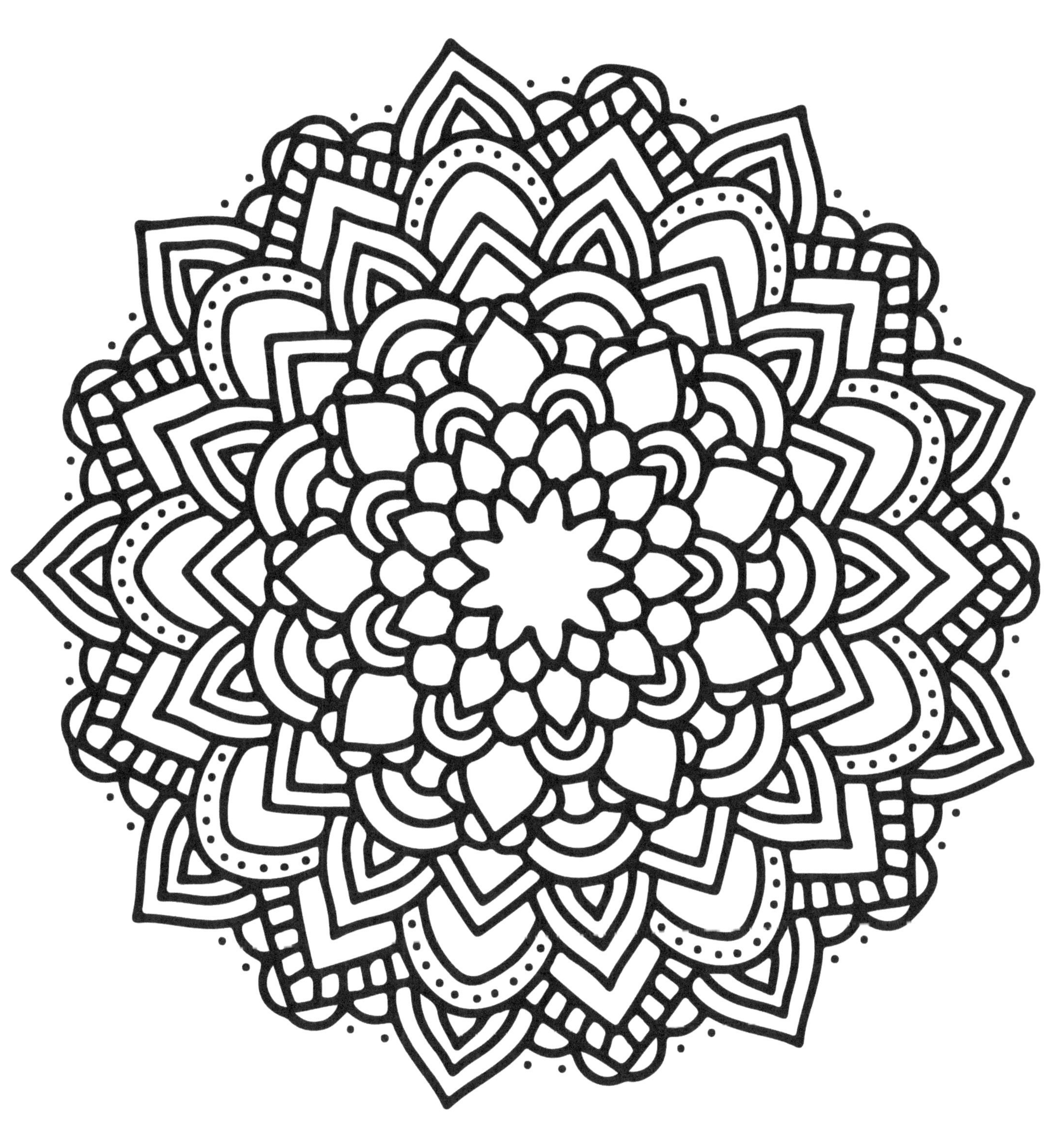

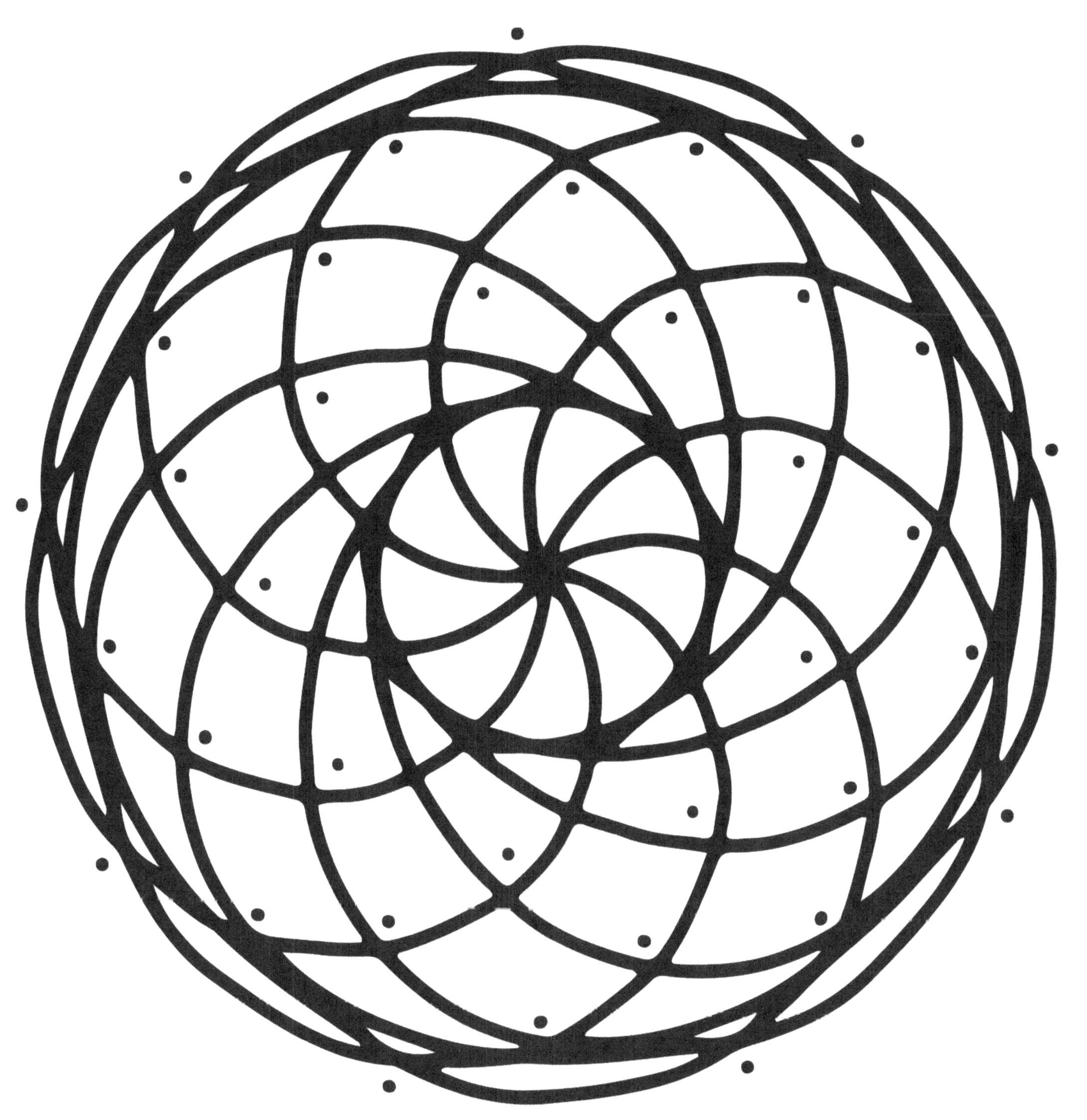

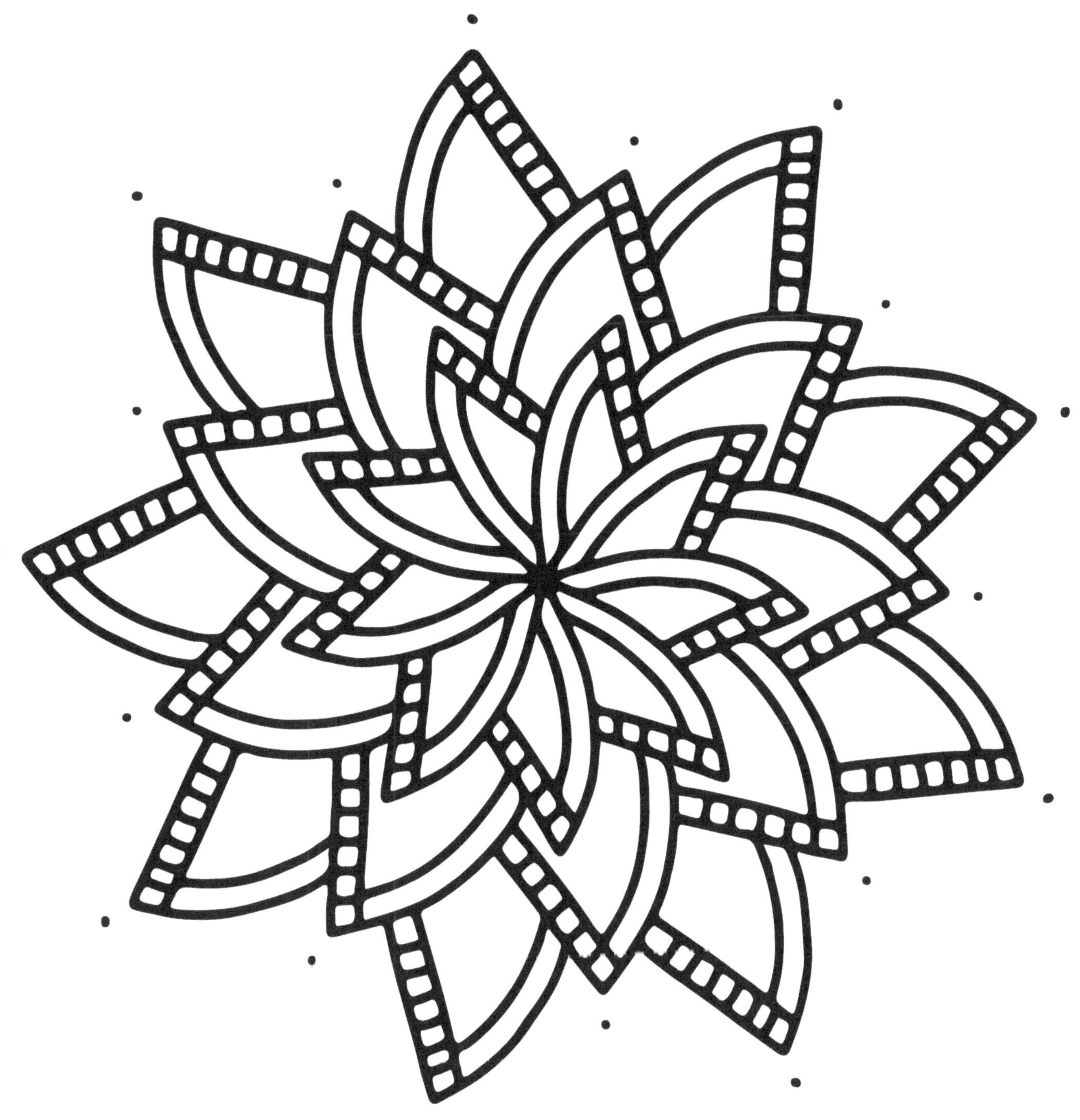

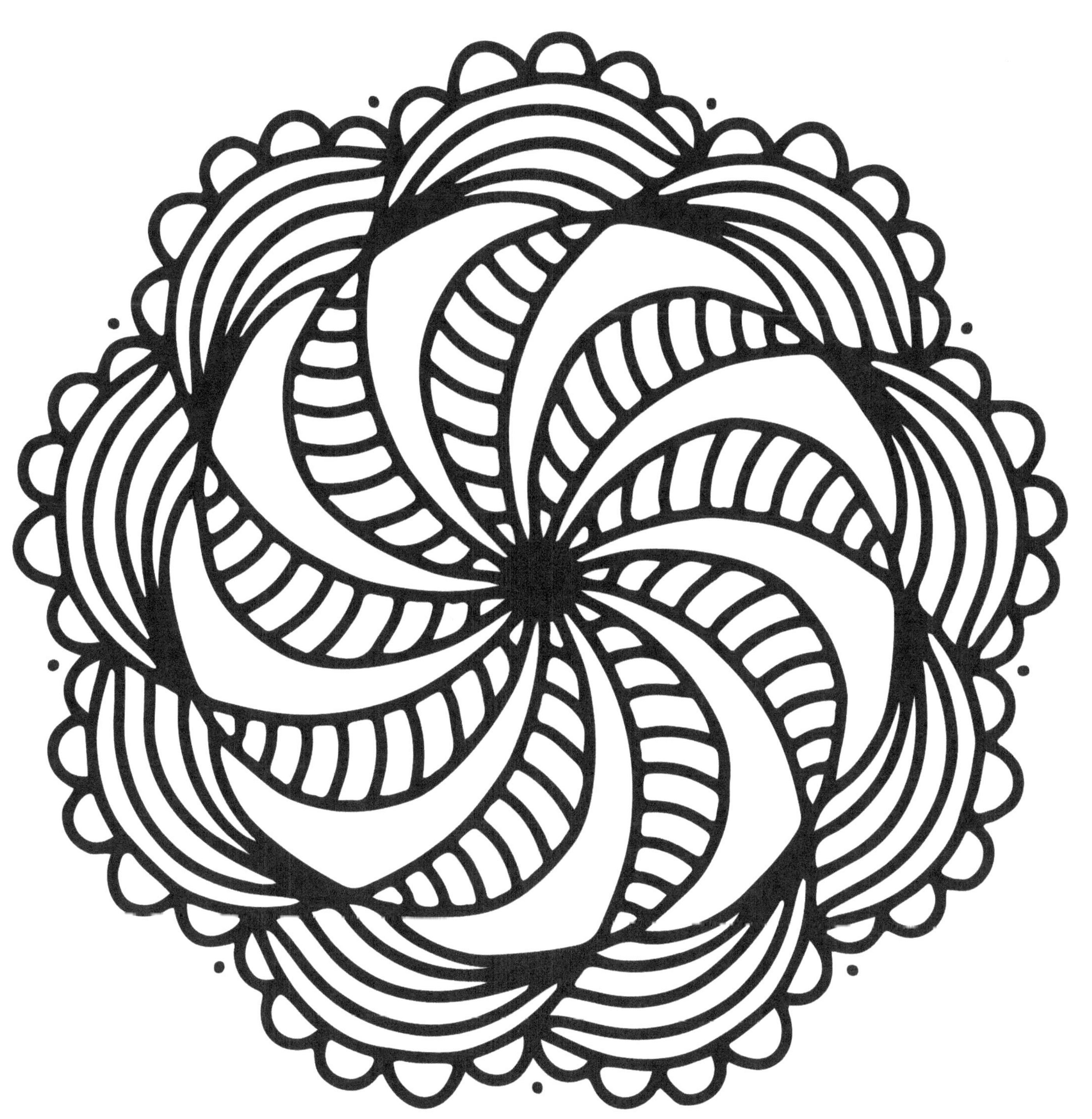

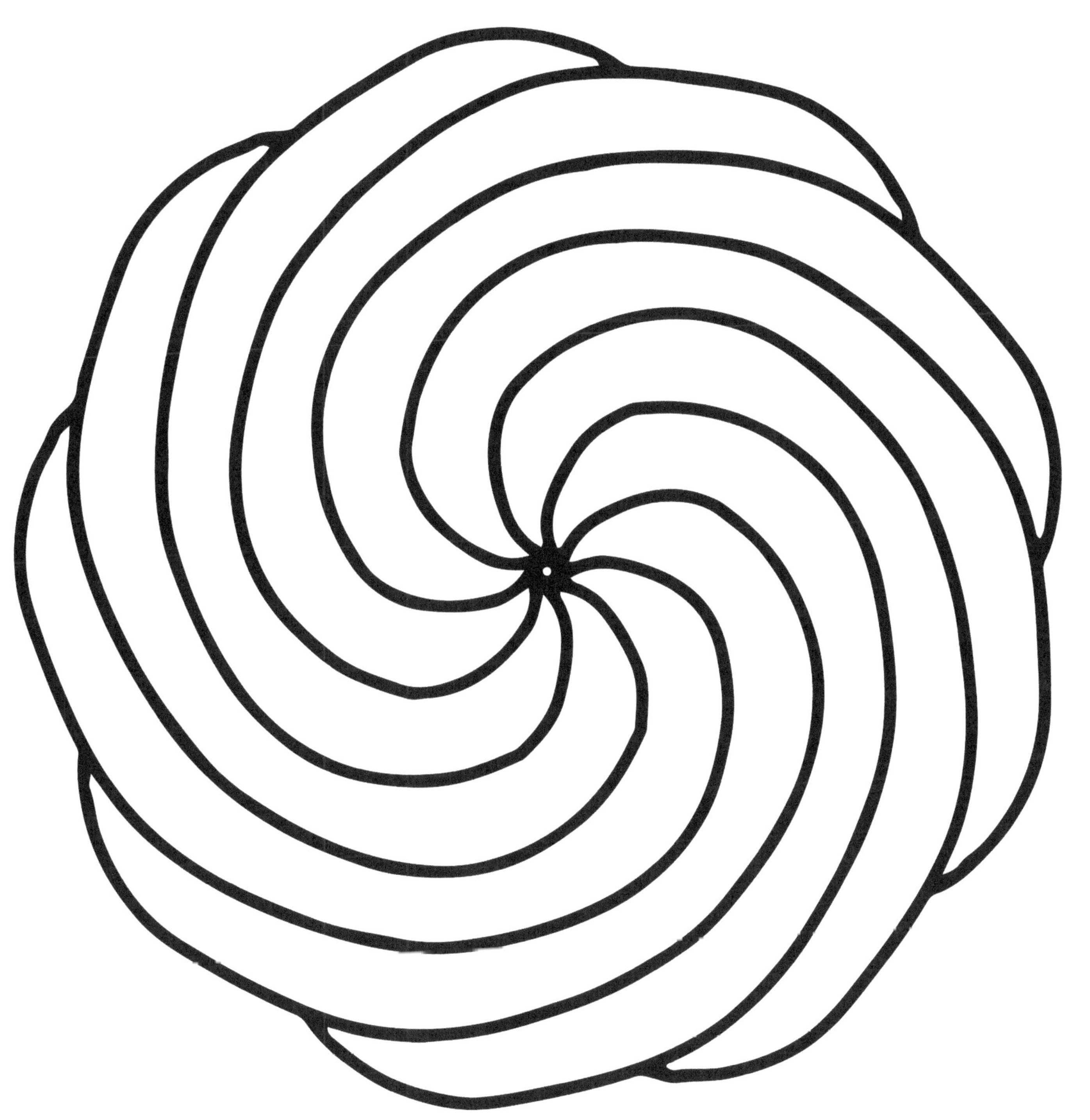

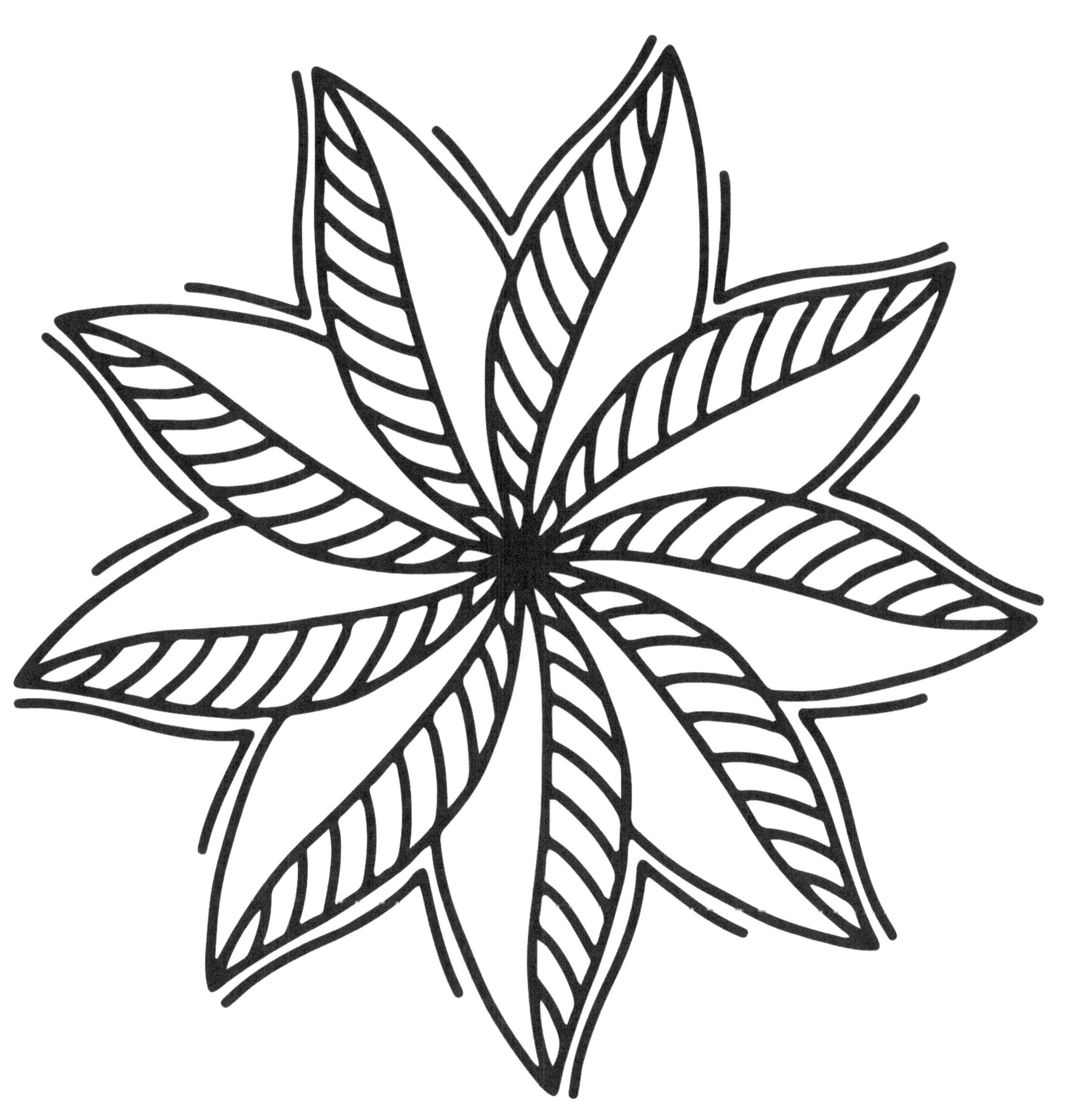

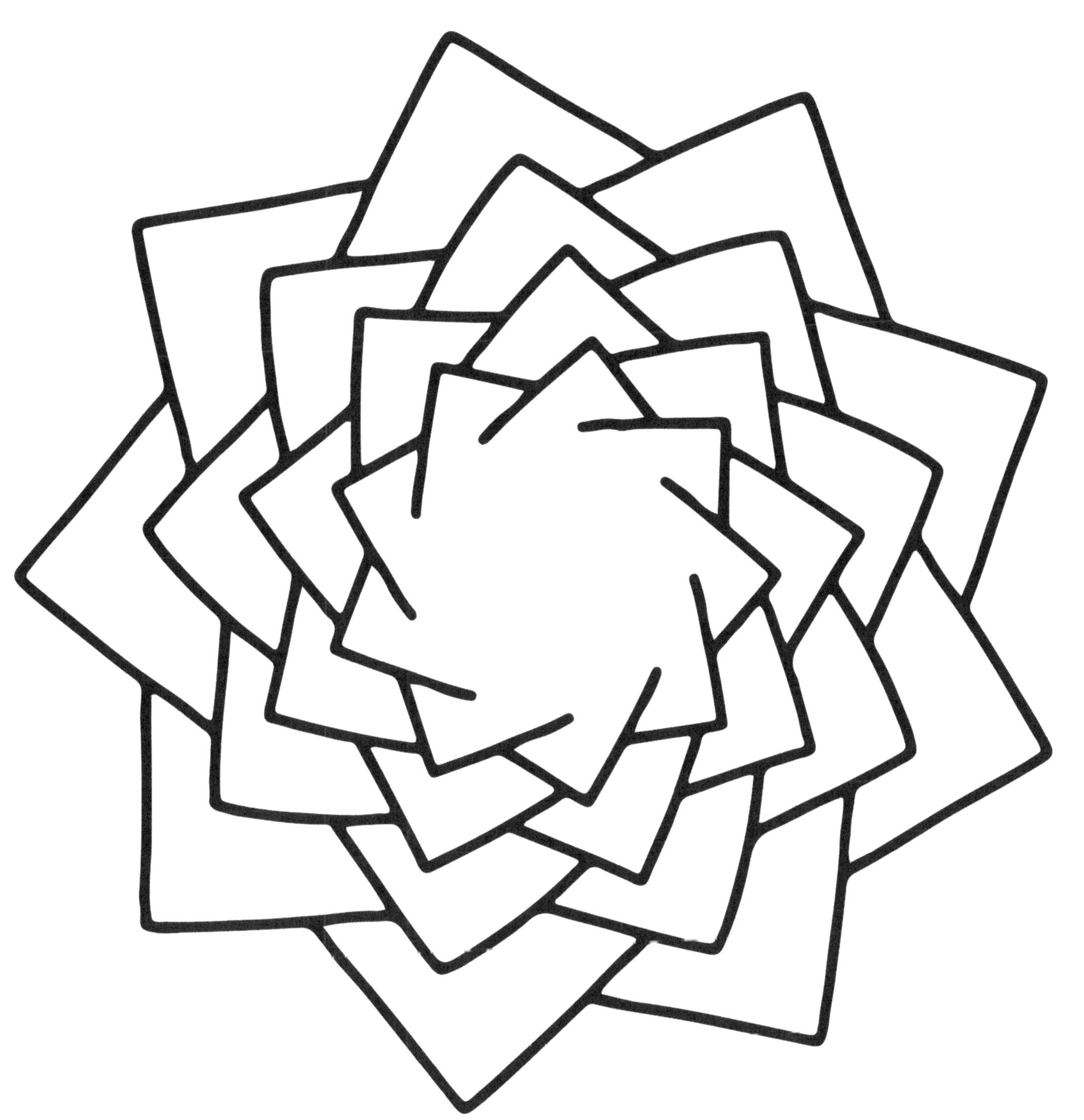

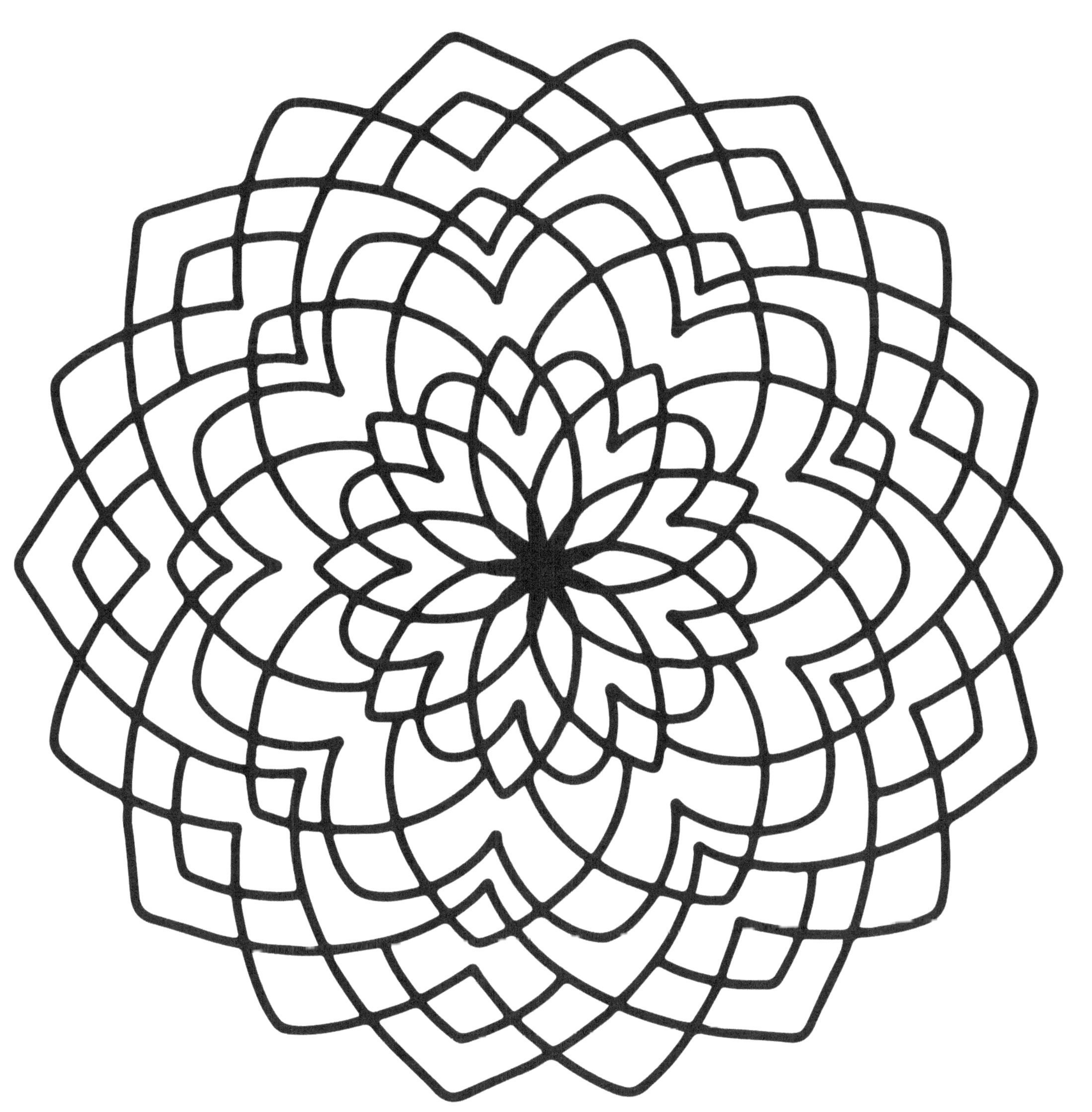

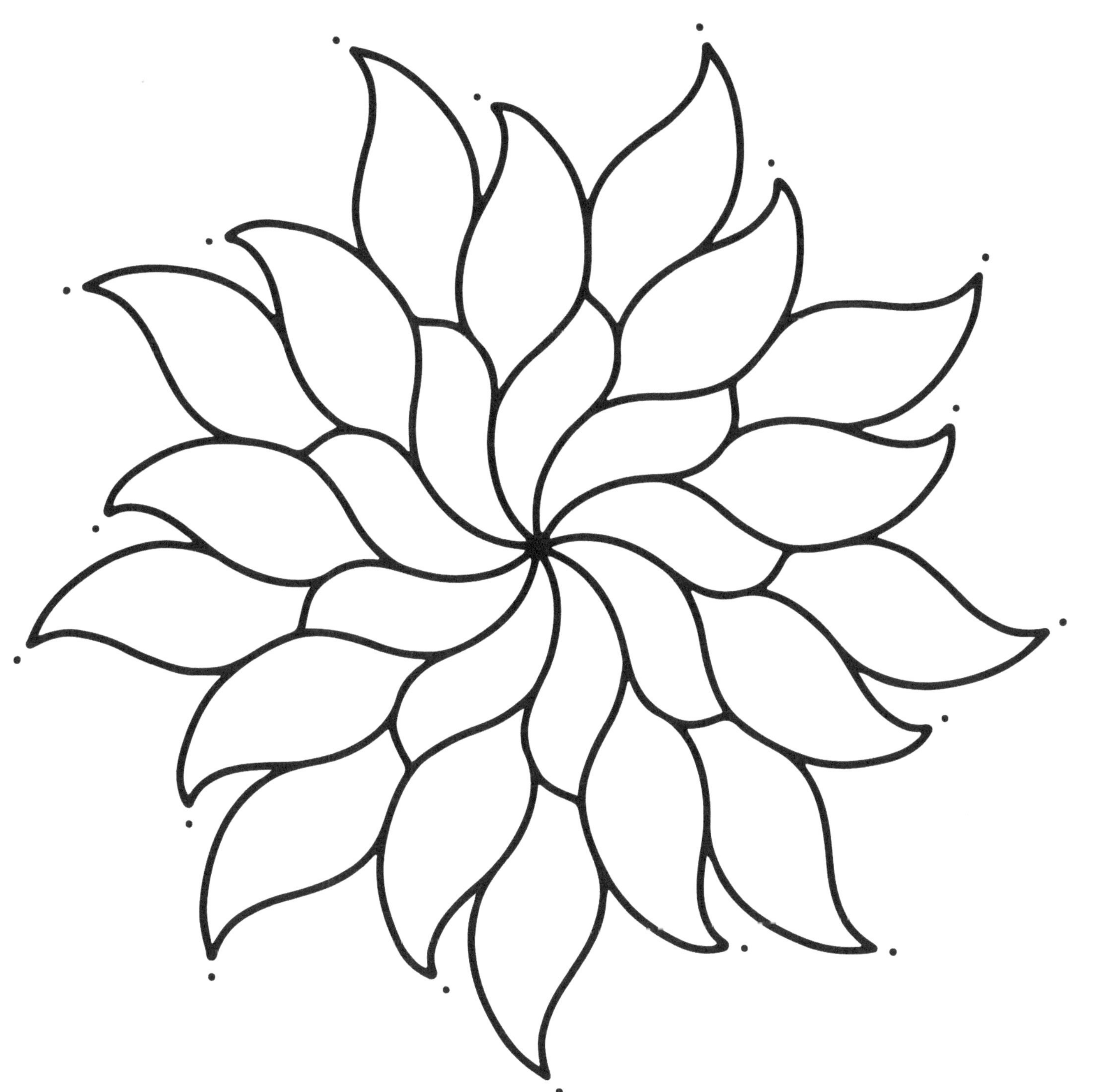

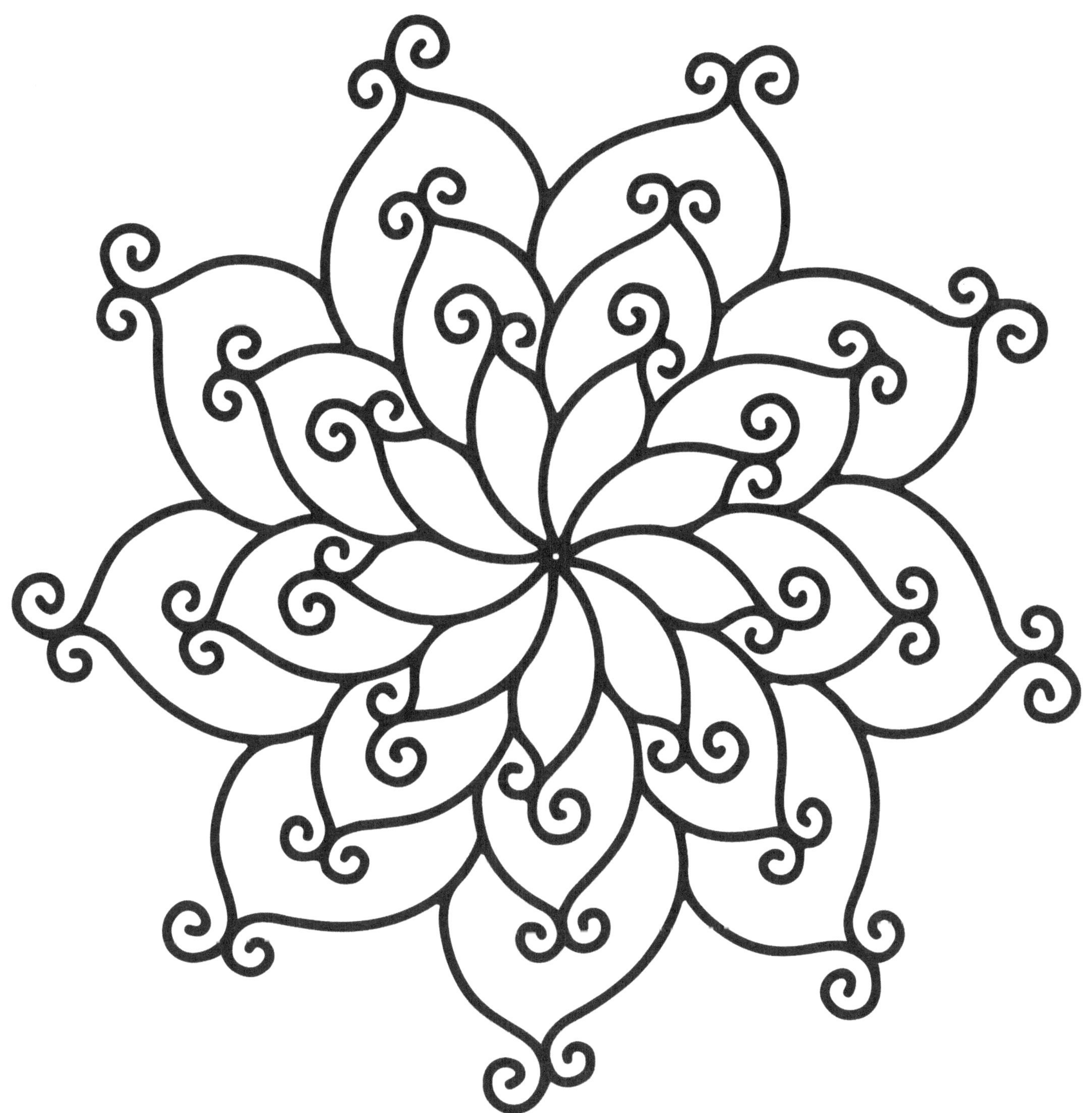

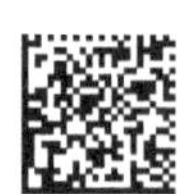
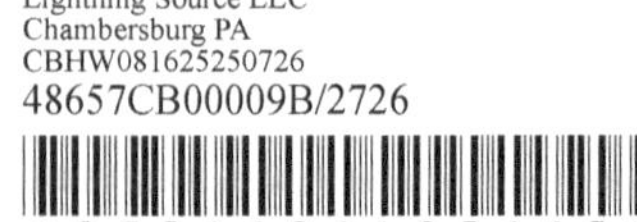